Kreative Stangenarbeit

Die natürliche Balance finden – ein Übungsbuch

REGINA JOHANNSEN

Kreative
Stangenarbeit

Die natürliche Balance finden – ein Übungsbuch

*„Die einzige Emotion,
die immer da sein darf und muss,
ist die Liebe zum Pferd."*

Haftungsausschluss
Autorin und Verlag haben den Inhalt dieses Buches mit großer Sorgfalt und nach bestem Wissen und Gewissen zusammengestellt. Für eventuelle Schäden an Mensch und Tier, die als Folge von Handlungen und/oder gefassten Beschlüssen aufgrund der gegebenen Informationen entstehen, kann dennoch keine Haftung übernommen werden.

Gestaltung und Satz: jb:design, Johanna Böhm, Dassendorf
Titelfoto: Christiane Slawik
Fotos im Innenteil: Julia Moll, Christiane Slawik
Zeichnungen: Johanna Böhm, Anja Klafki (Seite 6,42)
Lektorat: Alessandra Kreibaum
Druck: Westermann Druck, Zwickau

Deutsche Nationalbibliothek – CIP-Einheitsaufnahme
Die Deutsche Nationalbibliothek verzeichnet diese Publikation in der Deutschen Nationalbibliografie; detaillierte bibliografische Daten sind im Internet über http://dnb.ddb.de abrufbar.

Printed in Germany

ISBN: 978-95847-017-0

Inhalt

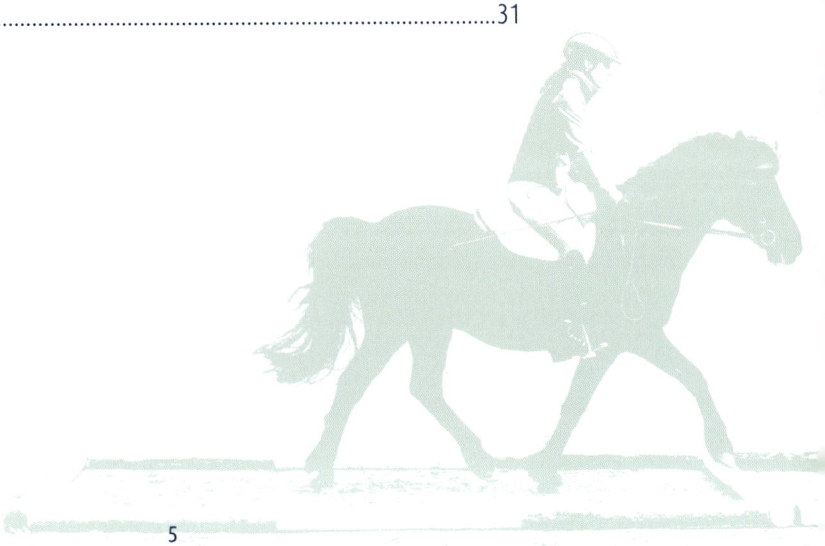

(Zeichnung: Anja Klafki)

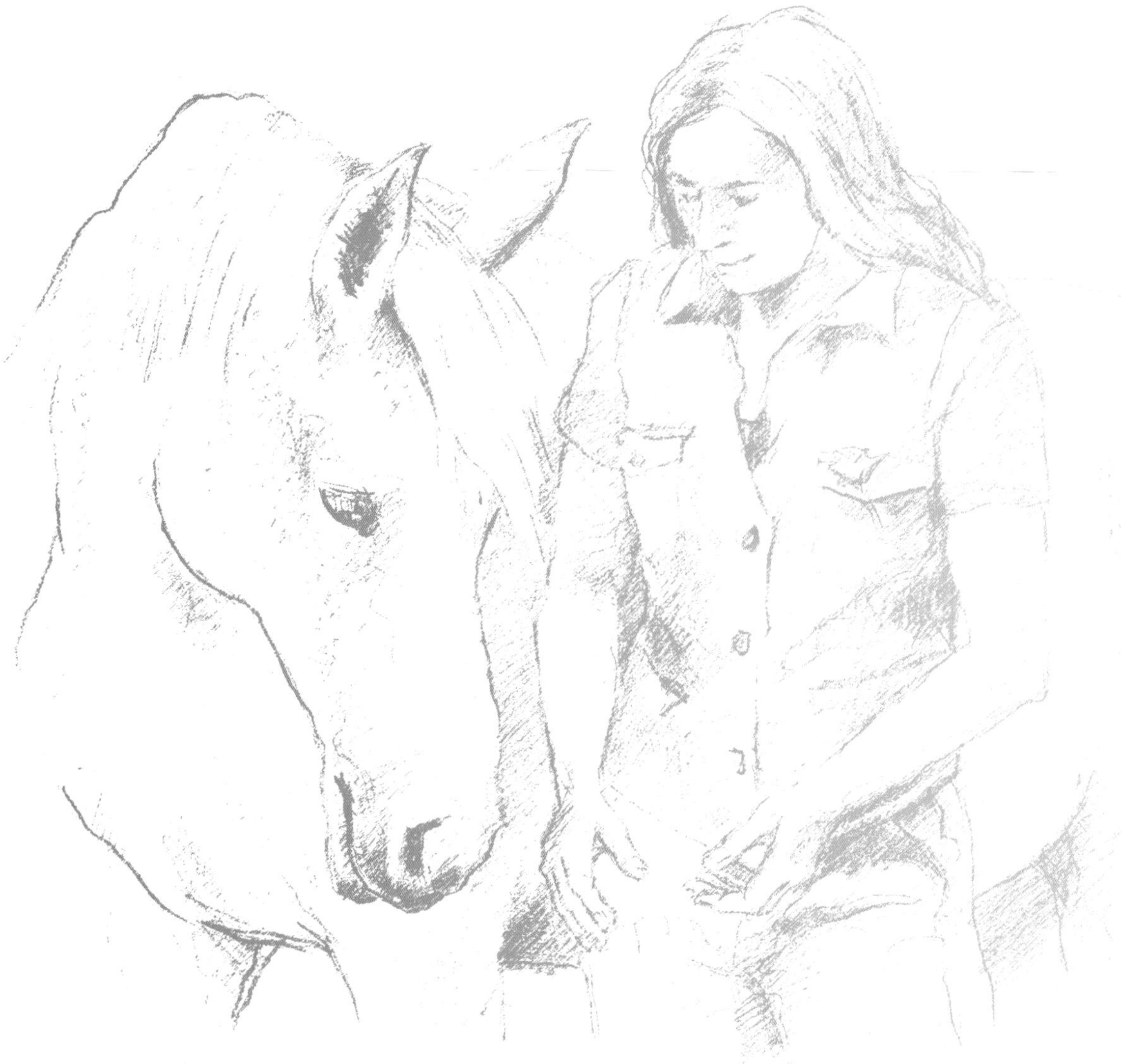

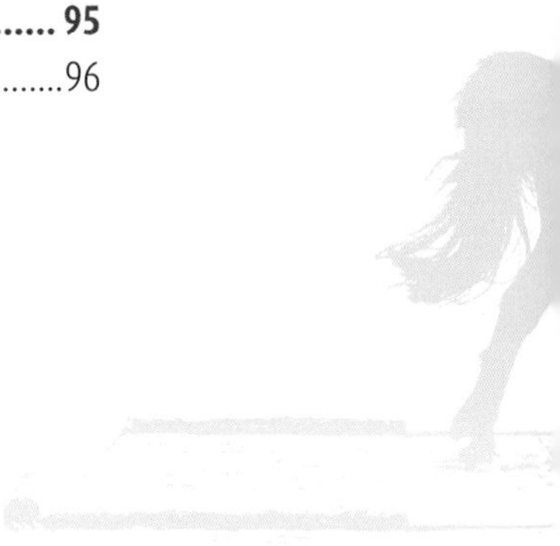

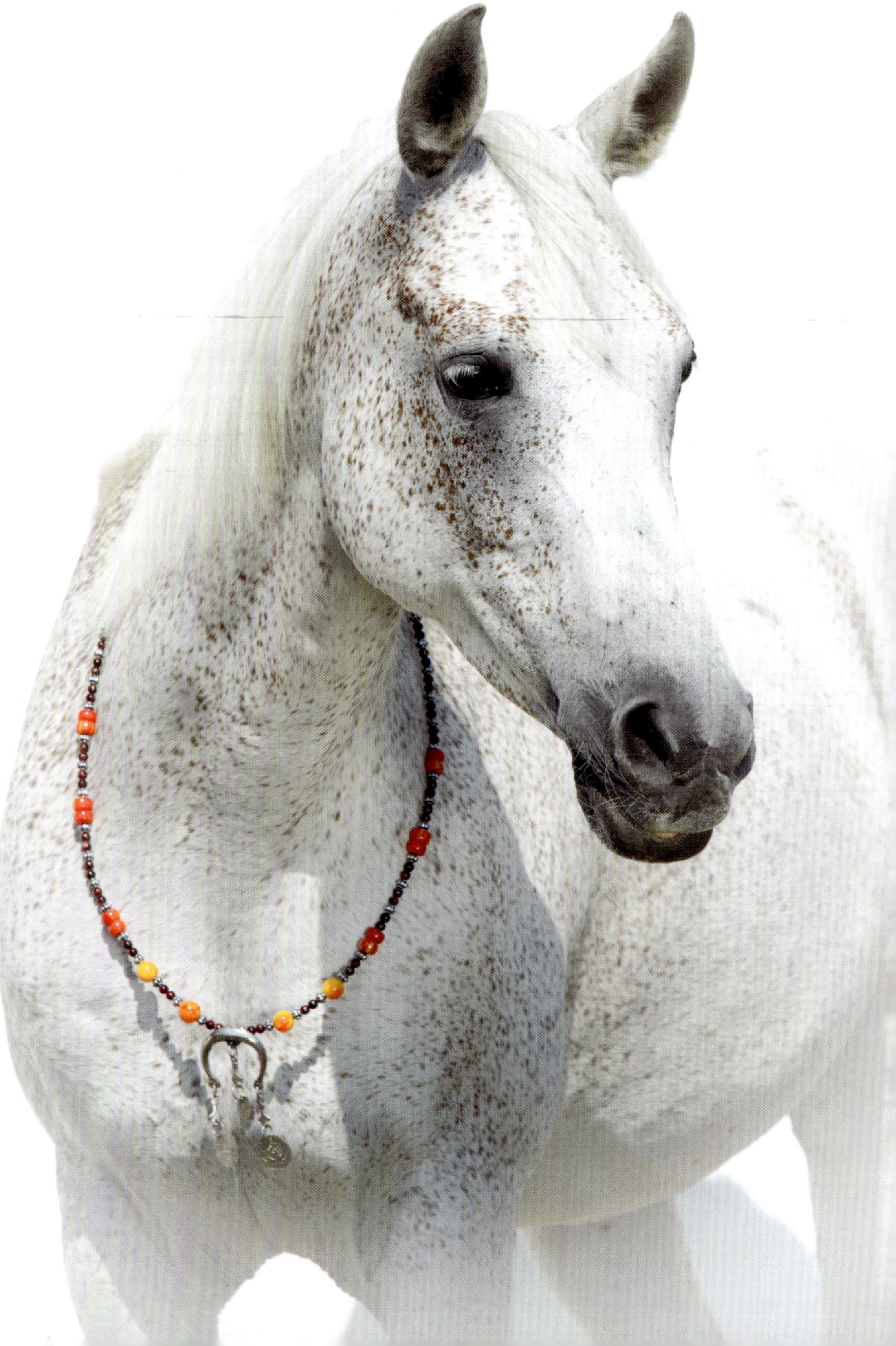

(Foto: Christiane Slawik)

Vorwort

Expo 2000 in Hannover. Am Rande der Messe zelebrieren die Golfstaaten mit dem Asil Cup das arabische Pferd. Es gibt Showklassen und Unterhaltungsprogramm für das internationale Publikum. Unter all den Reitern fällt mir ein Pferd besonders ins Auge. Es ist einer der wenigen Araber, die man als wirklich korrekt geritten bezeichnen kann. Der Rücken ist locker, die Anlehnung fein und die Dressuraufgaben fallen ihm offensichtlich leicht. Erstaunlich, denn die hier anwesenden Rassekollegen scheinen eher weniger in den Genuss einer fundierten Reitausbildung gekommen zu sein. Wer sitzt auf diesem Vollblutaraber? Ich spreche die Reiterin an. Sie heißt Regina Johannsen. Seit dieser Zeit arbeiten wir zusammen.

Viele berufliche, private, reiterliche und menschliche Höhen und Tiefen hat die Hamburgerin seither durchlaufen. Am Ende ist sie immer gestärkt daraus hervorgegangen, hat Erkenntnisse gesammelt, verinnerlicht und ihre Beobachtungsgabe für Mensch und Tier geschärft. Gesundheit und Verhalten ihrer eigenen Hunde und Pferde stellten sie oft vor die größten Probleme. Nie hat sie aufgegeben, gemeinsam mithilfe versierter Spezialisten Lösungen zu finden. Reginas Wissen rund ums Pferd wurde weiter vertieft, ihr Gefühl für das Wesen der Vierbeiner, ihre besondere Art der Kommunikation und Kontaktaufnahme mit den Menschen verfeinert.

Die seltene Kombination von klassischer Ausbildung bei Helmut Beck-Broichsitter, er war einer der letzten großen Reitmeister, und empathischem Fühlen und Denken machen Regina zu einer außergewöhnlichen Trainerin. Ihr geht es nicht um Leistung und Gehorsam, sondern um ein harmonisches Miteinander von Mensch und Pferd im wahrsten Sinne des Wortes. Das Pferd als hochsensibler Spiegel des Besitzers, das ist Reginas Thema. Sein unermüdliches Feedback auf menschliche Stimmungen, das ständige Bemühen um Kooperation und Kommunikation. Seine Reaktionen, wenn die Zweibeiner nicht pferdegerecht reagieren können oder wollen. Für Regina Johannsen gibt es keine Problempferde – höchstens ein problematisches Umfeld, an dem man mit genügend Wissen und Einfühlungsvermögen jederzeit arbeiten kann. Als kompetenter Vermittler zwischen Mensch und Tier ermöglichte sie schon so manchem Schüler einen Blick in sein tiefstes Inneres. Das Verhalten des Pferdes brachte alles an den Tag.

Harmonische Paare trainiert sie mit originellen und gut durchdachten Übungen, die das Miteinander abwechslungsreich und effektiv gestalten. Ihre Vorgehensweise umschifft gekonnt und spielerisch eventuell auftauchende Probleme, fördert die Aufmerksamkeit im Umgang miteinander und hilft dem Menschen, wieder zu sich selbst und damit den Weg zurück zu seinem Pferd zu finden. Und was hat das alles mit kreativer Stangenarbeit zu tun? Eine Menge! Sie ist nicht einfach nur ein Weg, um das Pferd zu gymnastizieren und seine Balance zu schulen, oder eine spaßige Abwechslung zum üblichen Training. Regina Johannsens Methode „The Easy Way“ verbindet alle diese Elemente zu einer völlig neuen Art der harmonischen Kommunikation zwischen Pferd und Mensch.

In diesem Buch beschreibt sie viele selbst entwickelte und gut begründete Möglichkeiten vom Sattel und Boden aus, mit dem Pferd zu arbeiten. Kleine Details machen dabei große Unterschiede – längst ist nicht alles gut, nur weil es schon immer so war. Pferde sind wunderbare Wesen, die so viel mehr können und tun, als uns heute noch bewusst ist. Sie tragen uns nicht nur auf ihrem Rücken, sondern auch auf einer emotionalen Ebene, die in unserer leistungs- und konsumorientierten Gesellschaft zunehmend verloren gegangen ist. Wenn das Pferd nicht funktioniert, heißt es oft nur: „Es will nicht.“ Doch diese Aussage ist in der Regel schlicht falsch, weil sie nicht vom Pferd ausgeht, sondern von den Ansprüchen und Wünschen, die wir Menschen gegenüber dem Pferd hegen. Wenn Sie Ihrem Pferd ein wirklich guter Partner sind, will es immer. Hinter Widersetzlichkeiten oder Problemen steckt meistens ein „Ich kann nicht“ oder ein „Ich verstehe dich nicht“. Mehr Verständnis und Miteinander erreichen Sie auch durch eine pferdegerechte, abwechslungsreiche Gestaltung der gemeinsamen Zeit.

Lassen Sie sich wieder ein auf Ihren Partner Pferd! Dieses Buch gibt Ihnen einige Anregungen dazu.

Christiane Slawik

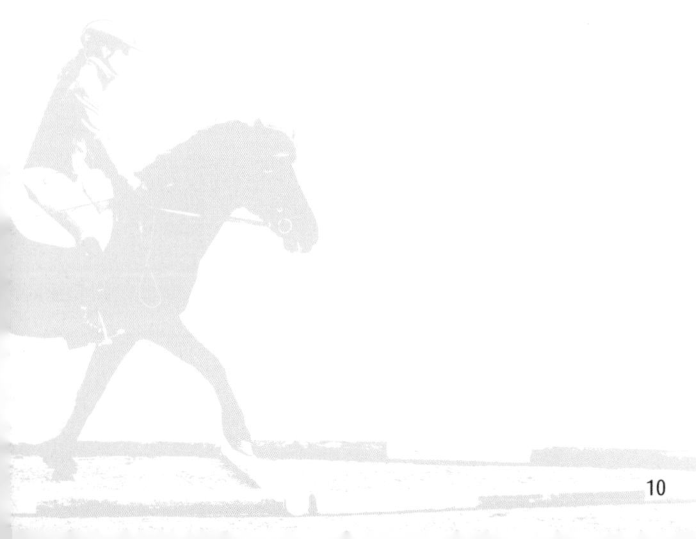

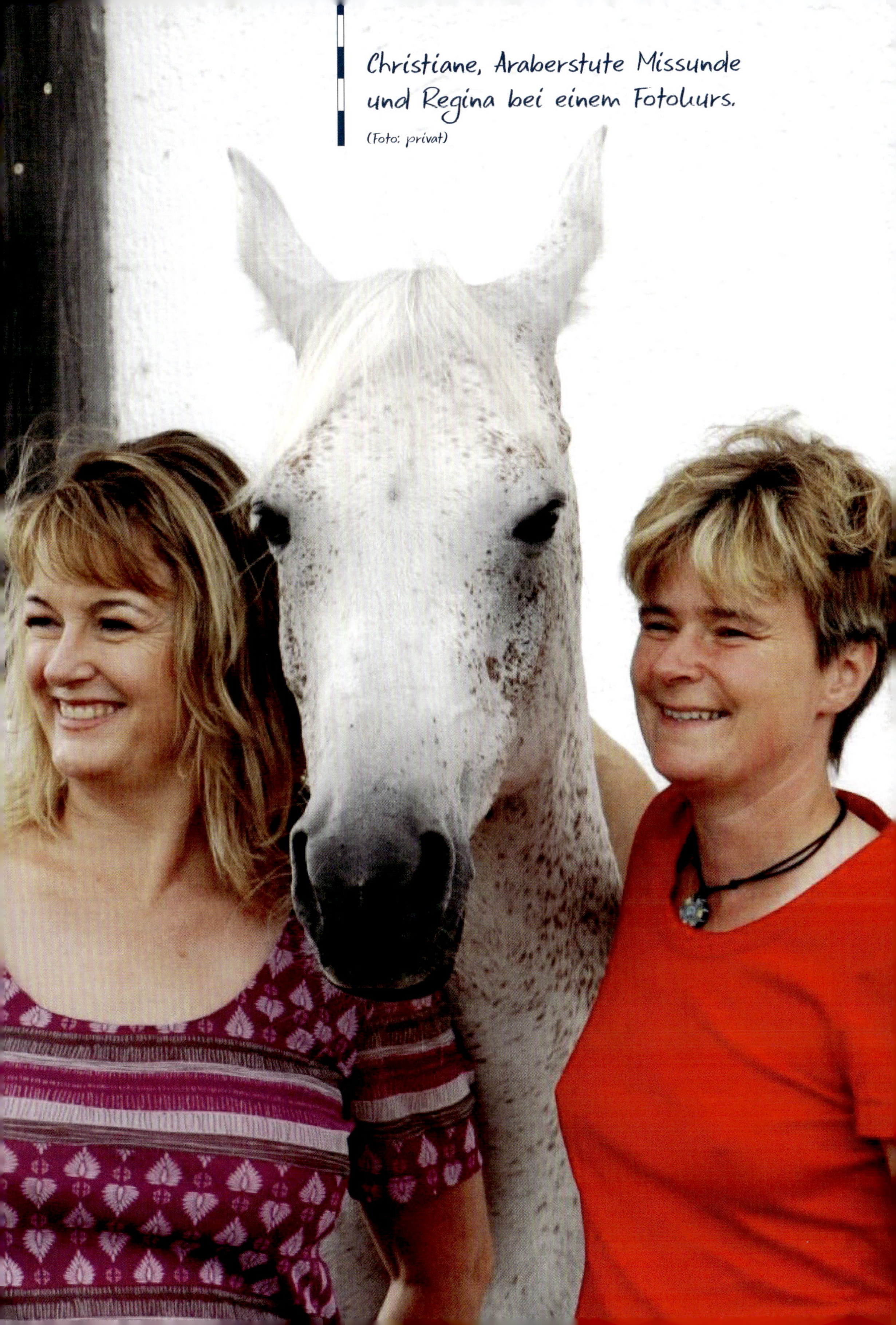

Christiane, Araberstute Missunde und Regina bei einem Fotokurs.

(Foto: privat)

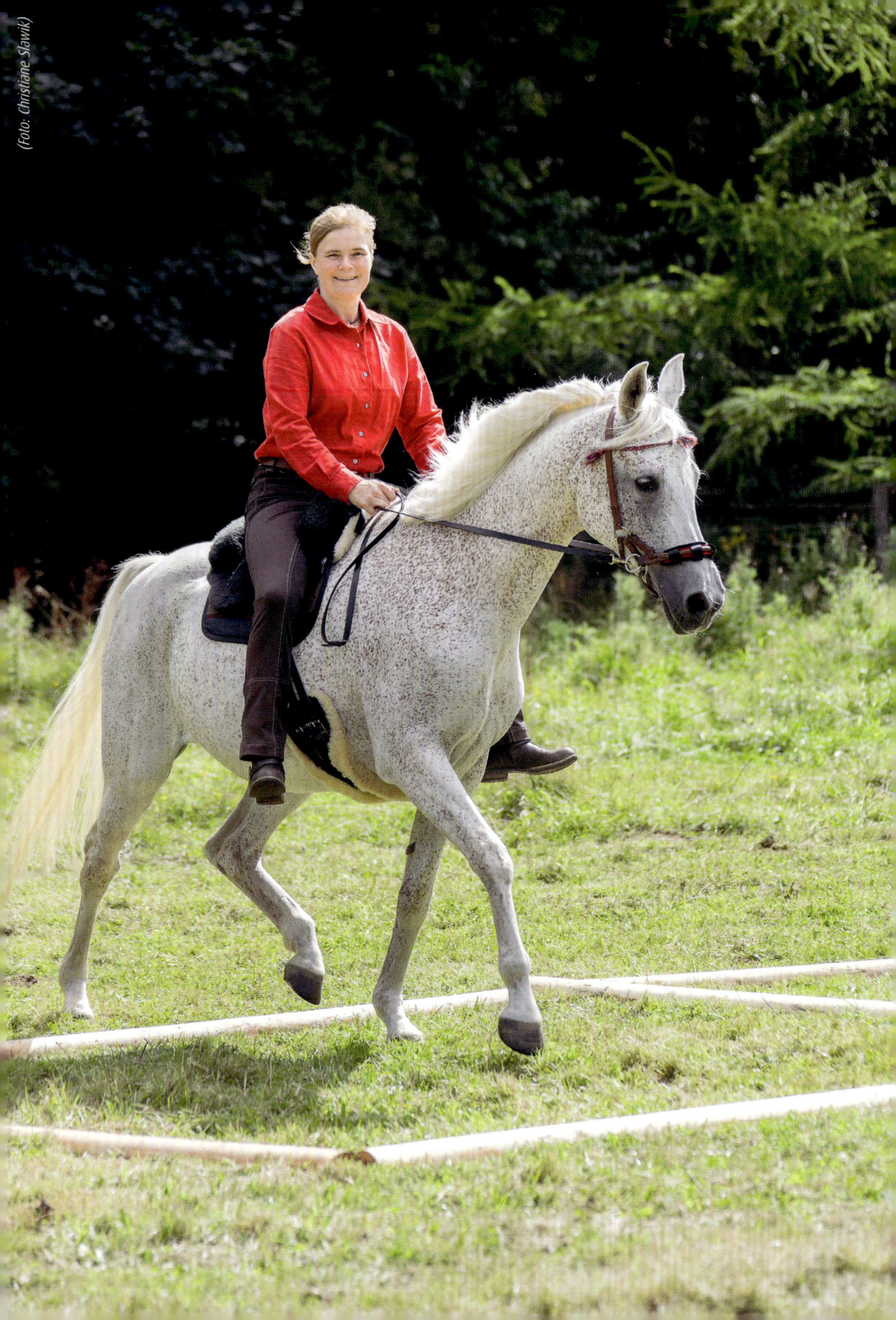

(Foto: Christiane Slawik)

Eine Herzens-angelegenheit als Einleitung

1977. Helmut Schmidt war Kanzler, die Hosen hatten Schlag und im Kinderprogramm zogen Jim Knopf und Lukas der Lokomotivführer ihre Kreise um Lummerland. Ich war wie alle achtjährigen Mädchen, die mit jeder Faser ihres Herzens dem Pferdevirus verfallen waren. Das dachte ich zumindest. Für mich war es normal, möglichst jede freie Minute mit Pferden zu verbringen, alles für sie zu tun und die Box und den Sattelschrank sauberer zu halten als das eigene Zimmer. Immer ansprechbar zu sein, wenn eines der viel bestaunten sogenannten „Privatpferde" auf dem Hof trocken geführt oder geritten werden musste; das war eine große Ehre, und kleine Handlangerdienste waren eine Selbstverständlichkeit. Etwas, wovon meine Mutter zu Hause nur träumte …

Diese Ruhe und Zufriedenheit, die die Pferde in mir auslösten, das Gefühl des stillen Miteinanders, des wortlosen Dialogs – all das, so dachte ich, würde jeder so erleben. Irgendwann merkte ich, dass mir im Umgang mit den Pferden vieles wesentlich leichter fiel als anderen. Wo sie kämpften, arbeitete ich mit den Pferden zusammen. Ich sog alles auf, was mir mein damaliger Reitlehrer und heutiger Meister Helmut Beck-Broichsitter über Pferde vermittelte. Es war für mich selbstverständlich, anderen dabei zu helfen, ebenfalls mit ihren Tieren Freude zu empfinden. Turniere zu bestreiten gehörte irgendwie dazu, war für mich aber nie der eigentliche Antrieb zum Reiten.

Ich liebte es, mit Menschen zusammen zu sein, im Team zu arbeiten. So rutschte ich automatisch in den Beruf der Reitlehrerin. Anfangs dachte ich noch, es ginge um die Vervollkommnung bestimmter Reittechniken. Doch je länger ich diesen Beruf ausübe, desto mehr weiß und erlebe ich, dass es um andere Dinge geht, sich alles auf einer anderen Ebene abspielt. Das hängt mit der gewandelten Rolle des Pferdes zusammen.

Pferde waren nach dem Zweiten Weltkrieg in der Landwirtschaft und beim Militär überflüssig geworden. Traktoren und Autos ersetzten ihre Arbeitskraft in kürzester Zeit. Der Pferdebestand sank so stark, dass mancher schon fürchtete,

Pferde seien bald nur noch im Zoo zu bestaunen. Dass es anders kam, liegt an den Freizeitreitern.

Diese Pferdeliebhaber holten besondere Rassen nach Deutschland, ritten auf Pferden, über die Sportreiter damals die Nase rümpften. Dass heute Isländer, Iberer und Barockpferde im Stall selbstverständlich neben Hannoveranern und Holsteinern stehen, ist das Verdienst dieser Freizeitreiter: Menschen wie Ursula Bruns, die Erfinderin der „Immenhof"-Filme und Gründerin des „Reit-Zentrums Reken". Menschen wie Wolf Kröber, der 1972 die „Equitana" aus der Taufe hob, inzwischen die größte Pferdemesse der Welt. Sie prägten Generationen von Reitern, die nach neuen Wegen suchten, sich dem Tier zu nähern – auch meine.

Bei dieser Suche haben wir etwas wiedergefunden, was uns selbst durch unsere Gesellschaft, unseren hektischen Alltag und die Technisierung verloren ging: innezuhalten, sich Zeit zu nehmen, im Hier und Jetzt zu leben, wertfrei auf das Innerste eines Lebewesens zu reagieren sowie Wahrhaftigkeit, Gemeinschaftsgefühl und tiefe Ruhe.

Indem wir uns auf die Pferde einlassen, öffnen sie uns die Tür zu einer Welt, die viele von uns längst verloren haben. Doch genau diese ist es, die uns heilen und gesunden lässt. Das mag sich pathetisch anhören, aber jetzt sind es die Pferde, die unsere Seelen retten können – wenn wir es zulassen.

In meiner Arbeit erlebe ich immer wieder, wie die Kunden mithilfe ihres Pferdes an Themen arbeiten, die nur dem Anschein nach mit reiterlichen, dafür aber viel mit persönlichen Problemen zu tun haben. Fast immer geht es darum, loszulassen, sich stark zu machen, Position zu beziehen, sich einzulassen, hinzugeben, Ziele zu formulieren und so unendlich viel mehr. Pferde sind für mich daher der Schlüssel zu den Menschen.

Ich wünsche Ihnen eine erfüllende und spannende Reise mit Ihrem vierbeinigen Freund!

Mein großer Dank gilt meinen Pferden Pecado, Surprise, Lancelot, Elegido, Salut, Missunde, Poor Boy, Graaf Bobby und Leven.

Ihre Regina Johannsen

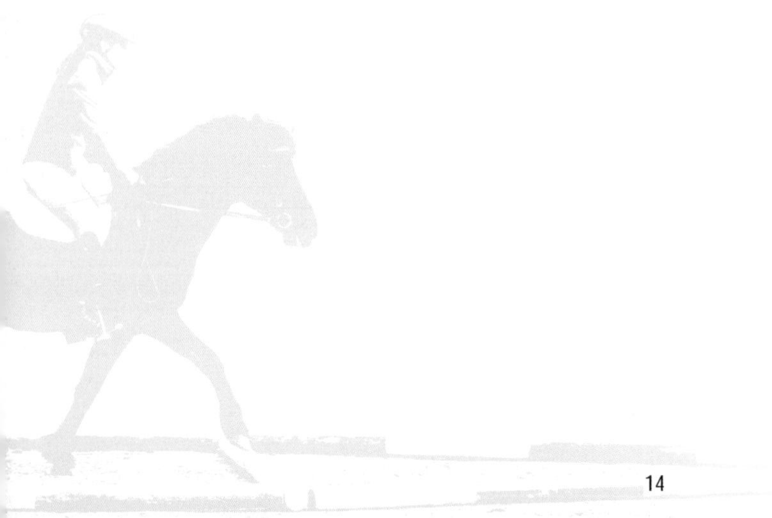

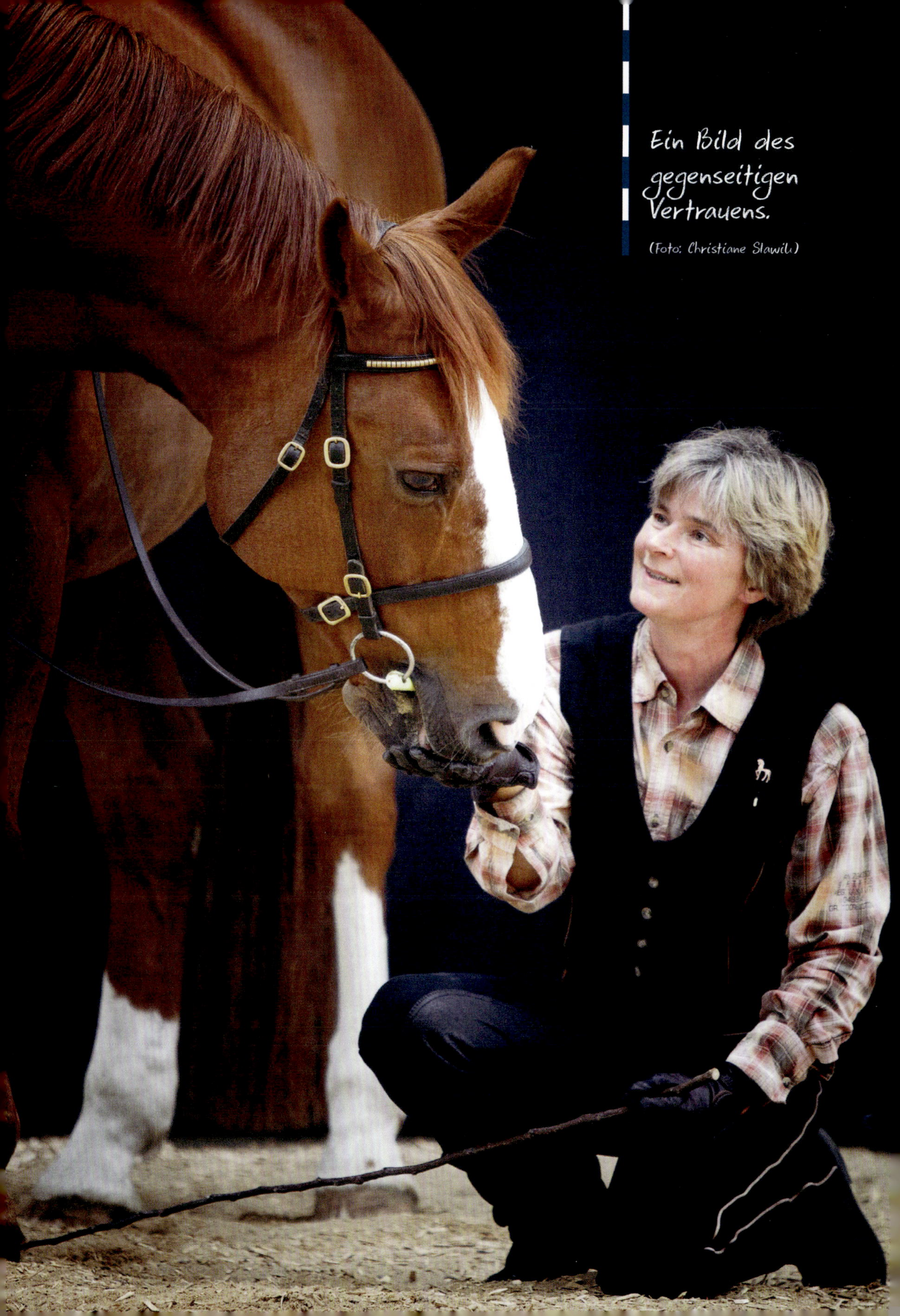

Ein Bild des gegenseitigen Vertrauens.

(Foto: Christiane Slawik)

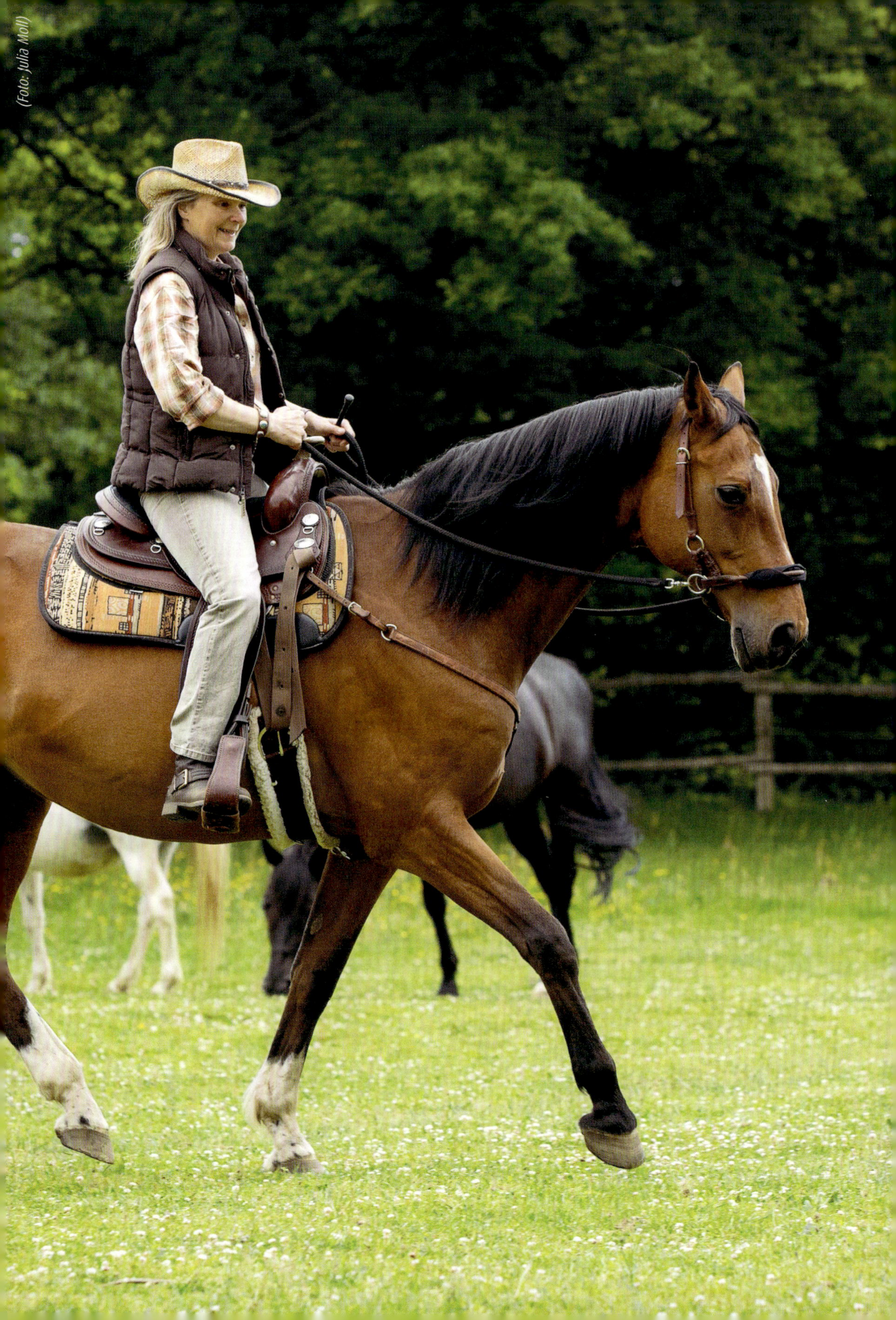
(Foto: Julia Moll)

The Easy Way – die Trainingsmethode

„The Easy Way" (TEW) ist eine leicht nachvollziehbare Trainingsmethode, die kaum Aufwand benötigt. Sie gibt Menschen die Möglichkeit, die Arbeit mit ihren Pferden mit wenigen Mitteln und auf effektive Weise zu bereichern und abwechslungsreich zu gestalten. Mit TEW kann jeder seinem Pferd sanft und gezielt helfen, seine natürliche Balance in der Arbeit mit dem Menschen zu finden, zu behalten und unter dem Reiter anzuwenden. Das Training ist unabhängig von Pferdetyp und -größe, da es bei den Trainingsabläufen in erster Linie darum geht, ein inneres und äußeres Gleichgewicht zu finden: Fühlt sich das Pferd mit seinem Menschen sicher, kann es sich auch ausbalancieren. Selbst bei gesundheitlichen Einschränkungen wie Arthrosen, Fehlstellungen der Gliedmaßen, Spat oder Kissing Spines kann TEW nach Anleitung ein wertvoller Helfer sein. Das gilt auch bei sogenannter „erlernter Hilflosigkeit" aufgrund vorheriger Trainingsfehler. TEW kann am Boden ebenso trainiert werden wie unter dem Sattel, denn es beschäftigt die Pferde mit Kopf und Körper. Dabei ist die Balance der Schlüssel zur gesunden Gymnastizierung. TEW ist mit oder ohne Sattel möglich, mit oder ohne Gebiss.

Es gibt jedoch zwei Einschränkungen.

Die erste ist: Das Pferd muss gesundheitlich in der Lage sein, das zu tun, was ich von ihm möchte. Das ist das oberste Gebot – immer. Einschränkungen wie Gelenkveränderungen, Huferkrankungen, falscher Beschlag, Probleme mit den Augen, Zähnen oder dem Rücken oder Schmerzen durch unpassendes Equipment müssen stets behoben werden. Das Training ist dem Gesundheitszustand des Pferdes anzupassen.

Die zweite Einschränkung ist: Hilfszügel sind absolut tabu!

Wenn Sie das beherzigen, steht dem Trainingserfolg und dem gemeinsamen Spaß bei der Arbeit nichts mehr im Weg.

Mir ist es wichtig, Mensch und Pferd optimale Hinweise für die gemeinsamen Aufgaben zu geben. Wenn ich im Folgenden vom Unterrichten spreche, so meine ich damit nicht, formelhaftes Wissen oder Lektionen einzutrichtern. Ich möchte Mensch und Pferd vielmehr auf die Situation abgestimmte Hinweise und Übungen geben und nachfragen, was in diesem Moment wichtig ist.

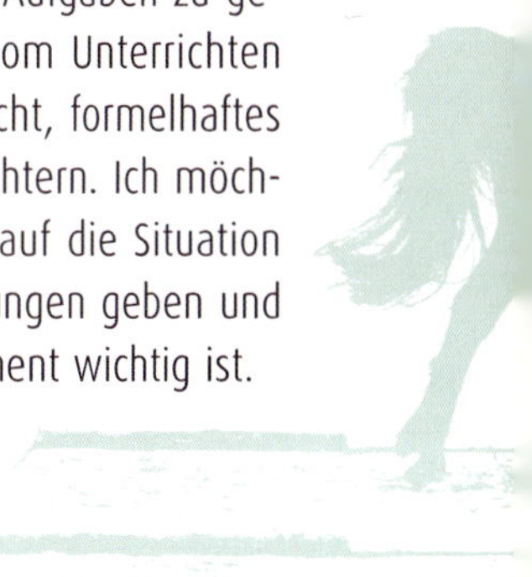

Ich glaube, so kann jeder lernen, auf sein Gefühl zu hören und sich einzulassen auf das Pferd. Indem er es beobachtet, nicht immer etwas tut, sondern nur mal hinspürt und aufmerksam den Moment erlebt. Entschleunigen ist eines meiner Lieblingswörter, das ich versuche, meinen Schülern nahezubringen. Denn Pferde leben im Hier und Jetzt. Sie planen nicht in die Zukunft, suchen aber Sicherheit. Damit wir ihnen diese geben können, brauchen wir selbst einen Plan. In meinem Unterricht frage ich den Schüler immer erst, woran er gern arbeiten möchte. Viele sind zunächst verunsichert und sagen, dass sie offen für alles sind und gern Neues ausprobieren möchten. Das ist gut, war aber nicht die Frage. Ich kann weder von einem Menschen und erst recht nicht von einem Pferd verlangen, dass es sich mir anvertraut, wenn ich keinen Plan habe. Deswegen habe ich sogar immer drei in der Tasche: A, B und C. Geht Plan A nicht, versuche ich Plan B. Geht der auch nicht auf, probiere ich es mit Plan C. Bleibt der ebenfalls ohne Erfolg, dann gehe ich noch einmal zurück zu Plan A oder ich lege eine Pause ein und kuschle mit dem Pferd, genieße seine Nähe und nehme später noch einmal einen Anlauf. Das kostet zugegebenermaßen Zeit.

Und Zeit ist heute wertvoll: Wenn wir sie uns nehmen, dann soll in der zur Verfügung stehenden Spanne auch möglichst viel passieren und geschafft werden. Wir schauen zu den anderen und was sie alles in ihrer Zeit schaffen. Häufig kommen wir dann zu dem Schluss, dass wir selbst zu faul und ineffektiv sind. Wettstreit, wohin man sieht. Dabei geht es doch um die Freizeit, also im besten Sinne freie Zeit – ohne Verpflichtungen, Termine und Wertungen. Dieser Freiraum sollte allein uns und unserem Pferd gehören. Denn entspannender kann man seine Freizeit kaum verbringen.

Sie können sich auch einfach zu Ihrem Pferd auf die Koppel setzen oder ihm beim Fressen in der Box zuschauen. Die gemeinsame Zeit ist niemals vertan – im Gegenteil. Dieses Miteinander kann kraftspendender sein als eine nach Schema F durchgezogene Reitstunde. Kreative Stangenarbeit ist dabei ein wichtiger Baustein auf dem Weg zu einer harmonischen Partnerschaft zwischen Mensch und Pferd. Sie steht allerdings nie allein für sich, sondern sollte das Reittraining immer nur ergänzen.

Dabei kommt es auf zwei wesentliche Punkte an: Körperbewusstsein und Achtsamkeit. Das gilt besonders für alte und nicht mehr reitbare Pferde, für die sich TEW auch eignet. Viele von uns haben in ihren langjährigen Erfahrungen mit Pferden bereits Horsemanship in der einen oder anderen Ausprägung erlebt. Die meisten schon, bevor dieser Begriff überhaupt populär wurde. Wir lernten, wie man ein Pferd stressfrei auf den Anhänger bringt, wie man es über eine Plane gehen lässt, über eine Brücke und vieles mehr. Diese Dinge gehörten zur Ausbildung eines Freizeitpferdes dazu, weil wir es uns so wünschten. Das ist heute auch noch so. Allerdings fällt uns die Umsetzung ungleich schwerer. Nach meiner Einschätzung liegt das an einem deutlich gesunkenen Körperbewusstsein.

Möglicherweise tragen unsere heutigen Lebensumstände und Alltagsanforderungen daran eine Mitschuld. Wie soll sich der Mensch über Körpersprache verständlich machen, wenn er seinen Körper nicht mehr bewusst nutzt? Pferde hingegen sind absolut körperliche Wesen. Sie kennen kein Smartphone und keinen Computer. Sie sind das, was sie immer waren: Pferde. Nur wenn wir uns auf ihre Welt, ihre Natürlichkeit einlassen, verstehen wir sie auch und finden damit zu einem Teil von uns selbst zurück.

Tipp

EIN BEISPIEL ZUR ACHTSAMKEIT

Mir fällt dabei immer eine Unterrichtssituation ein: Meine Schülerin betrat mit ihrer Stute die Reitbahn, die mit einem Zaun zur Koppel begrenzt war. Auf der Nebenkoppel, etwa 10 Meter mit Blickkontakt entfernt, döste die Herde vor sich hin. Eine neue, junge Stute stand auf dem Reitplatz. Die Schülerin erzählte, dass ihre Stute gerade zur Eingewöhnung mit dem neuen Pferd zusammenstünde. Von ihr aus könne die Neue neben dem Platz beim Unterricht zusehen. Ich führte die Stute zu einer Koppel direkt neben dem Reitplatz. Sie wurde sofort unruhig, ging auf und ab und versuchte, einen anderen Eingang auf den Platz zu finden. Das Pferd meiner Schülerin interessierte sich hingegen nicht für die umhertigernde Stute.

Die Neue wurde immer aufgebrachter, galoppierte auf und ab und versuchte schließlich sogar, den Zaun einzudrücken, um wieder auf den Platz zu gelangen. Ich brach den Unterricht ab und bat um Lösung für dieses Problem. Da die Besitzerin der Stute nicht so schnell kommen konnte, wurde ein Jährling mit zu ihr auf die Koppel gestellt. Dieser wurde von der Neuen kurz registriert, dann ignoriert. Sie lief weiter auf und ab und war mittlerweile klatschnass. Es war offensichtlich, dass diese Stute panische Angst hatte. Warum? Schließlich hatte sie einen jungen Kollegen zur Begleitung, die Freundin nebenan und die Herde in Sichtweite. Von den ganzen Menschen drum herum ganz zu schweigen. Was war los? Wie sich herausstellte, war das Pferd meiner Schülerin die Leitstute der Herde. Prinzipiell war es eine gute Idee, das neue Pferd mit ihr zusammenzustellen. Nur hatten wir der Neuen unabsichtlich die Sicherheit genommen, als wir sie von der Leitstute trennten. Es reicht nicht, eine sichernde Hand zu sehen. In der Not muss man sie auch anfassen können. So entschloss ich mich, die Neue wieder auf den Reitplatz zu lassen. Da das Reitpferd ranghöher war, sah ich kein Gefahrenpotenzial auf mein Paar zukommen. Auf dem Platz angekommen, entspannte sich die Neue sofort und wälzte sich den Schweiß ab. Dann lief sie zwar ein paar Runden hinterher, stellte sich anschließend aber in die Mitte des Platzes und fing an zu grasen.

In dieser Situation galt es, Mensch und Pferd abzustimmen, die eigenen Bedürfnisse hintanzustellen, den Menschen in die Situation einzubeziehen und die Instinkte des Pferdes zu deuten. Oft erkennen die Menschen nicht, dass das Fluchttier Pferd immer Sicherheit braucht, um sich wohlzufühlen. Die Lösung war simpel, aber nicht jeder hätte so gehandelt. Das war achtsam im Umgang miteinander – mit Mensch und Pferd. Hier gilt es, neue Wege zu gehen, weg vom Chefgehabe, nicht mit Angst zu regieren, sondern das Pferd ins Vertrauen zu holen! Ein Weg dorthin ist die kreative Stangenarbeit nach „The Easy Way".

Achtsamkeit – auch dieses Wort hört man in der Pferdeszene seit einiger Zeit immer häufiger. Was bedeutet es für Reiter oder den Menschen allgemein? Und was für das Pferd?

Kreative Stangenarbeit

Wir alle wünschen uns eine harmonische Partnerschaft mit unserem Pferd. Kreative Stangenarbeit erleichtert den Weg dorthin. Dieses Buch soll Ihnen zeigen, wie es funktioniert – einfach, planvoll, mit leicht nachvollziehbaren Schritt-für-Schritt-Übungen, die Abwechslung ins Training bringen. Der Ablauf soll sanft sein, denn unser Ziel ist nicht das exakte, lehrbuchmäßige Nachreiten von Bahnfiguren. Es geht vielmehr darum, Sie und Ihr Pferd durch Spaß an der gemeinsamen Bewegung in Balance zu bringen – und zwar nicht nur dem Wortsinn nach ins Gleichgewicht, sondern auch in Einklang. Balance ist der Schlüssel zu einem harmonischen und vertrauensvollen Verhältnis zwischen Pferd und Reiter.

Es gibt drei Dinge, an die sich ein Reitpferd erst gewöhnen muss: das Gewicht des Reiters, die einengenden Begrenzungen von Dressurviereck und -platz sowie Bewegungen auf Kreislinien. Alle drei sind menschengemacht und stimmen noch in einem weiteren Punkt überein: Sie stören die Balance des Pferdes. Ein Pferd, das sich nicht im Gleichgewicht bewegen kann, ist stets ein unsicheres Pferd, das im schlimmsten Fall vor etwas davonläuft – und wenn es das Gewicht des eigenen Reiters ist. Dieses Stangentraining schafft Abhilfe: Es befähigt das Pferd, Kopf und Hals selbstständig und ohne Zwang aus der Schulter heraus anzuheben. Sie werden sehen, dass das Pferd dann genau so läuft, wie wir es auf der Weide beobachten können. Dabei kommt seine ganze Persönlichkeit zur Geltung.

Bei diesem Training stehen die Freude aneinander und das Verständnis füreinander im Vordergrund, denn Zwang und Angst sind schlechte Lehrmeister. Sie gehören weder in unsere Schulen noch in unsere Reitbetriebe. Stattdessen brauchen Reiter und Pferd freien Raum, um sich gemeinsam in einer vertrauensvollen, harmonischen Beziehung entfalten zu können. Das Training ist so ausgelegt, dass jede Übung auf der vorigen aufbaut. Je nach Ihrem Ausbildungsstand und dem Ihres Pferdes können Sie aber auch an jeder beliebigen Stelle einsteigen. Lassen Sie sich von den Übungen inspirieren. Sie können jeden Parcours nach Belieben ändern, wenn Sie und Ihr Pferd damit besser zurechtkommen. Generell eignen sich alle vorgestellten Übungen für gesunde Pferde aller Rassen und Typen sowie aller Reitweisen. Das Wichtigste ist jedoch: Sie können bei dieser Art der Stangenarbeit nichts falsch machen. Im schlimmsten Fall hat das Training keinen Effekt. Schaden kann es Ihnen und Ihrem Pferd jedoch nicht.

Legen Sie los!
Haben Sie Spaß!

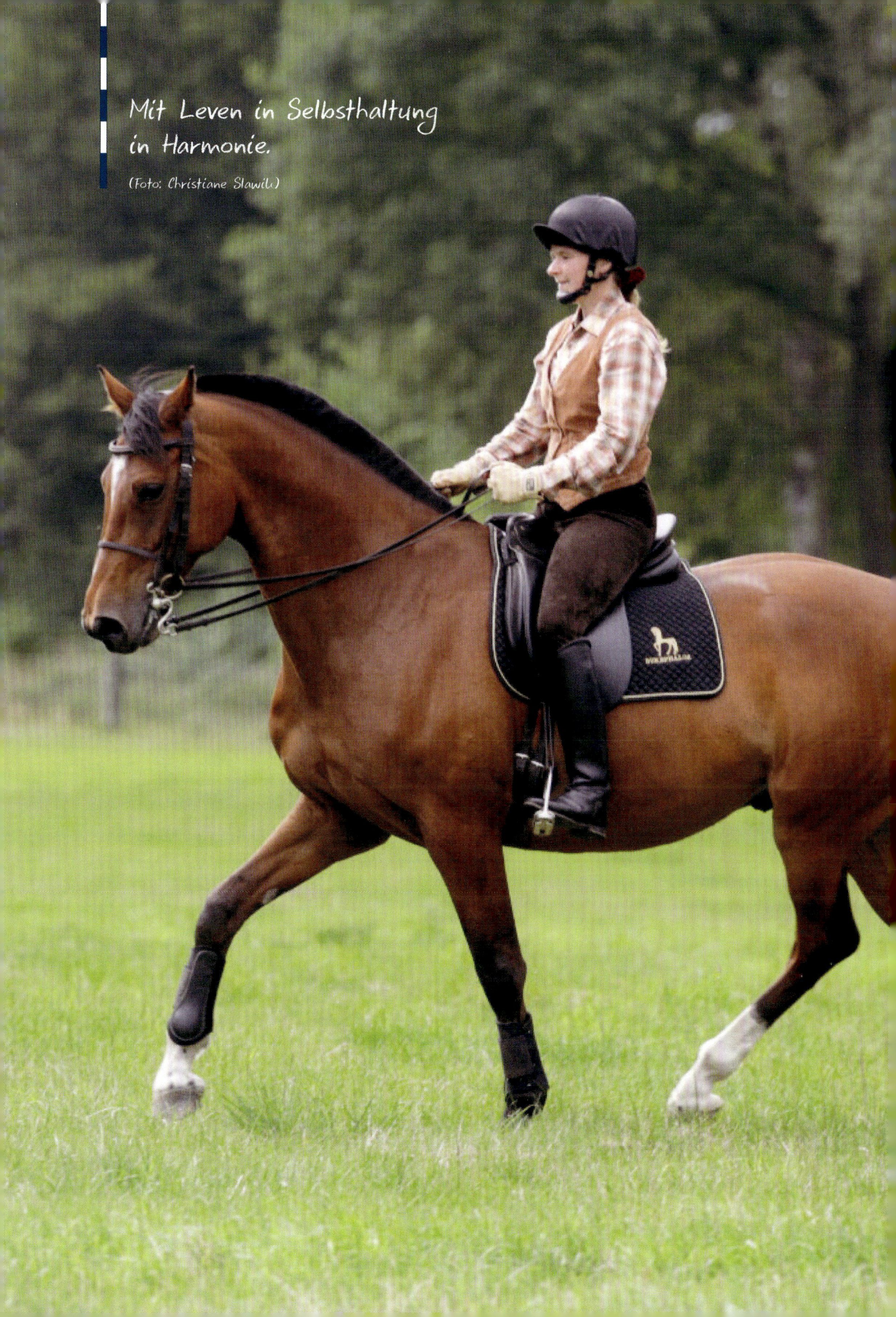

Mit Leven in Selbsthaltung in Harmonie.

(Foto: Christiane Slawik)

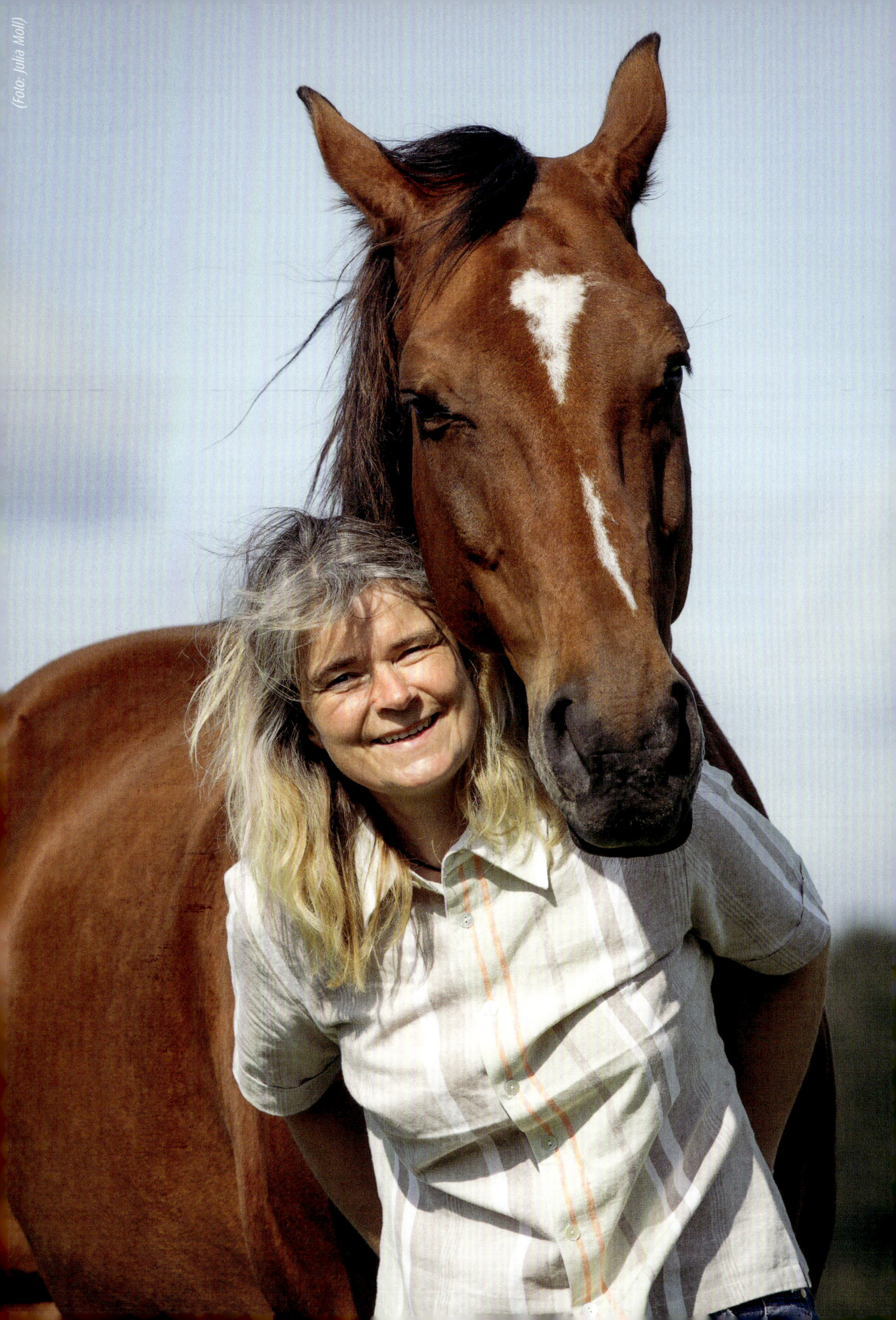
(Foto: Julia Moll)

Vor dem Start

Wenn Sie mit Ihrem Pferd arbeiten, dann mit Liebe, sonst aber ohne Emotionen. Wenn Ihr Pferd nicht macht, was Sie möchten, nehmen Sie es nicht persönlich. Es lebt im Hier und Jetzt, plant weder Ihnen etwas Böses zu tun noch Sie zu veralbern. Es reagiert lediglich auf Außenreize sowie Ihre Hilfen und Ihre Körpersprache. Wenn Sie als Reiter nicht eindeutige oder gegensätzliche Signale senden, verwirren Sie das Pferd nur. Es versucht dann zu interpretieren, was Sie wirklich von ihm wollen – und liegt mit seiner Auslegung möglicherweise falsch. Je präziser Sie mit Ihrem Pferd kommunizieren, desto besser wird es auf Sie reagieren. Wut, Anspannung und Nervosität stören diese Kommunikation erheblich.

Das muss nicht sein: Lassen Sie sich stattdessen Zeit, um innerlich zur Ruhe zu kommen. Beschäftigen Sie sich erst mit anderen Dingen im Stall: Putzen Sie Ihr Sattelzeug, stopfen Sie Heunetze – es gibt immer etwas zu tun. Und vor allem: Nutzen Sie diese Zeit, um sich einen Plan für die gemeinsame Zeit mit Ihrem Pferd zu machen. So werden nicht nur Sie selbst gelassener, sondern auch Ihr Pferd. Und planvolles Vorgehen in der Reitstunde steigert nicht nur den Übungseffekt, sondern Ihre Führung gibt dem Pferd Sicherheit. Sie ist die Grundlage für eine vertrauensvolle Partnerschaft.

Tipp

Viele Reiter kommen gestresst und genervt vom Alltag in den Stall. Diese Stimmung überträgt sich auf ihr Pferd und die Situation wird auch dadurch nicht besser, dass sie gleich in die Box stürmen, das Pferd herausziehen und es satteln. So machen sie sich die geplante entspannte Reitstunde schon im Ansatz selbst kaputt und fahren anschließend höchstwahrscheinlich noch gestresster und frustrierter nach Hause, weil mal wieder nichts geklappt hat.

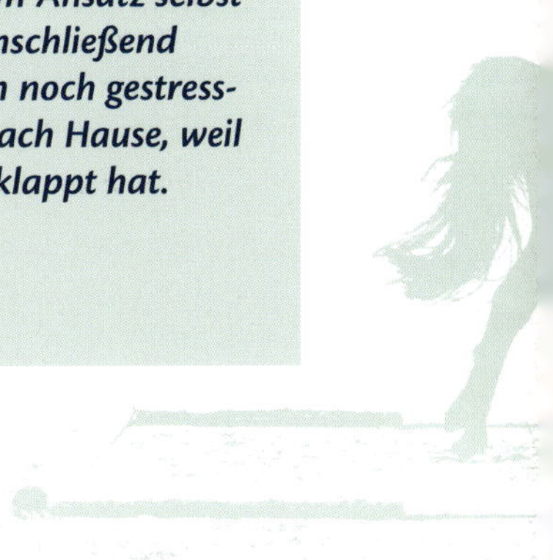

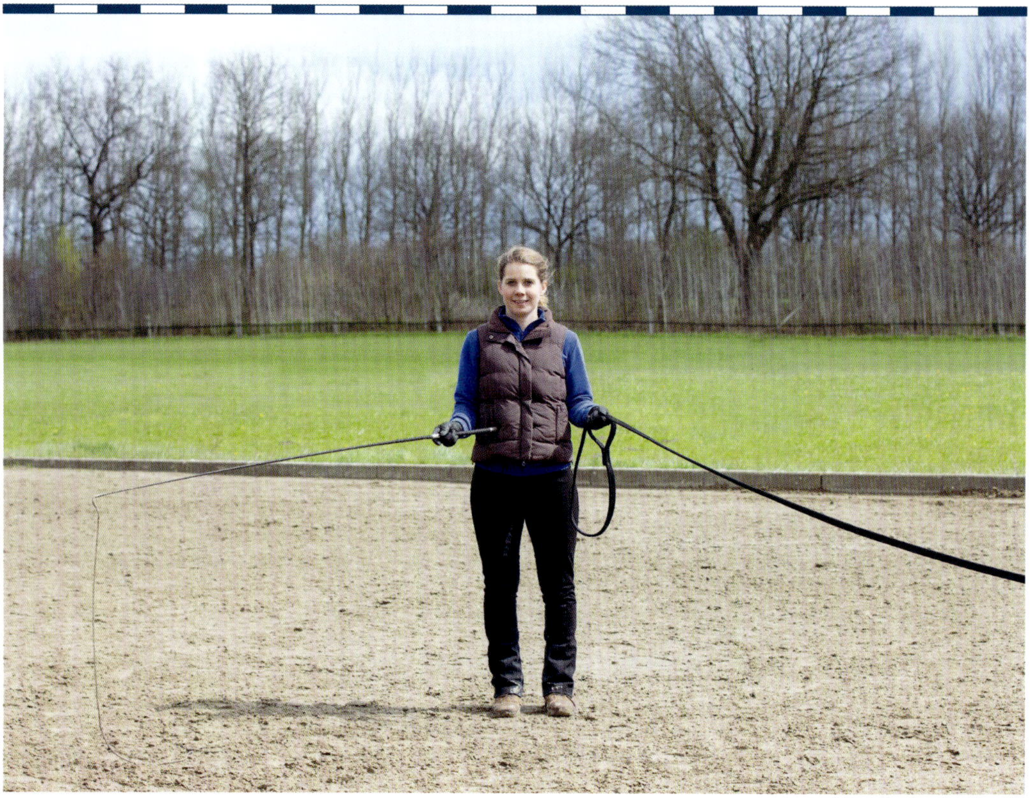

Die Peitsche ist der verlängerte Arm des Menschen. Zusammen mit dem Leitseil rahmt es das Pferd ein. (Foto: Julia Moll)

Signale

Gute Kommunikation mit Ihrem Pferd beginnt bei eindeutigen Signalen, auch am Boden.

Dort stehen Ihnen Stimme und Körpersprache sowie Hilfsmittel wie Gerte, Peitsche und Leitseil/Longe zur Verfügung.

Stimme

Sie ist die Hilfe, die wir besonders einfach einsetzen und kontrollieren können. Viele Reiter neigen dazu, permanent auf das Pferd einzureden. „Das war jetzt totaler Mist, Liese. Bieg doch bei der nächsten Volte bitte rechtzeitig rechts ab und schau zu mir herüber. Hier. Hallo, Liese, hier. Liese!" Das ist für Pferde genauso schwer zu entschlüsseln wie für die meisten Menschen eine mathematische Formel. Beschränken Sie sich daher auf wenige eindeutige Wörter als Kommando und verwenden Sie diese konsequent. Alles andere stiftet nur Verwirrung. Daran sollten sich auch Mitreiter halten.

Schnalzen und andere Laute

Noch unmittelbarer sind Laute wie etwa Schnalzen. Es wirkt auf die meisten Pferde aktivierend. So können Sie beispielsweise durch einfaches Schnalzen das Pferd zum Wechseln in die nächsthöhere Gangart veranlassen oder durch einen Doppelschnalzer angaloppieren lassen.

Um wieder Tempo herauszunehmen, bietet es sich hingegen an, leise und lange „Sch" zu machen.

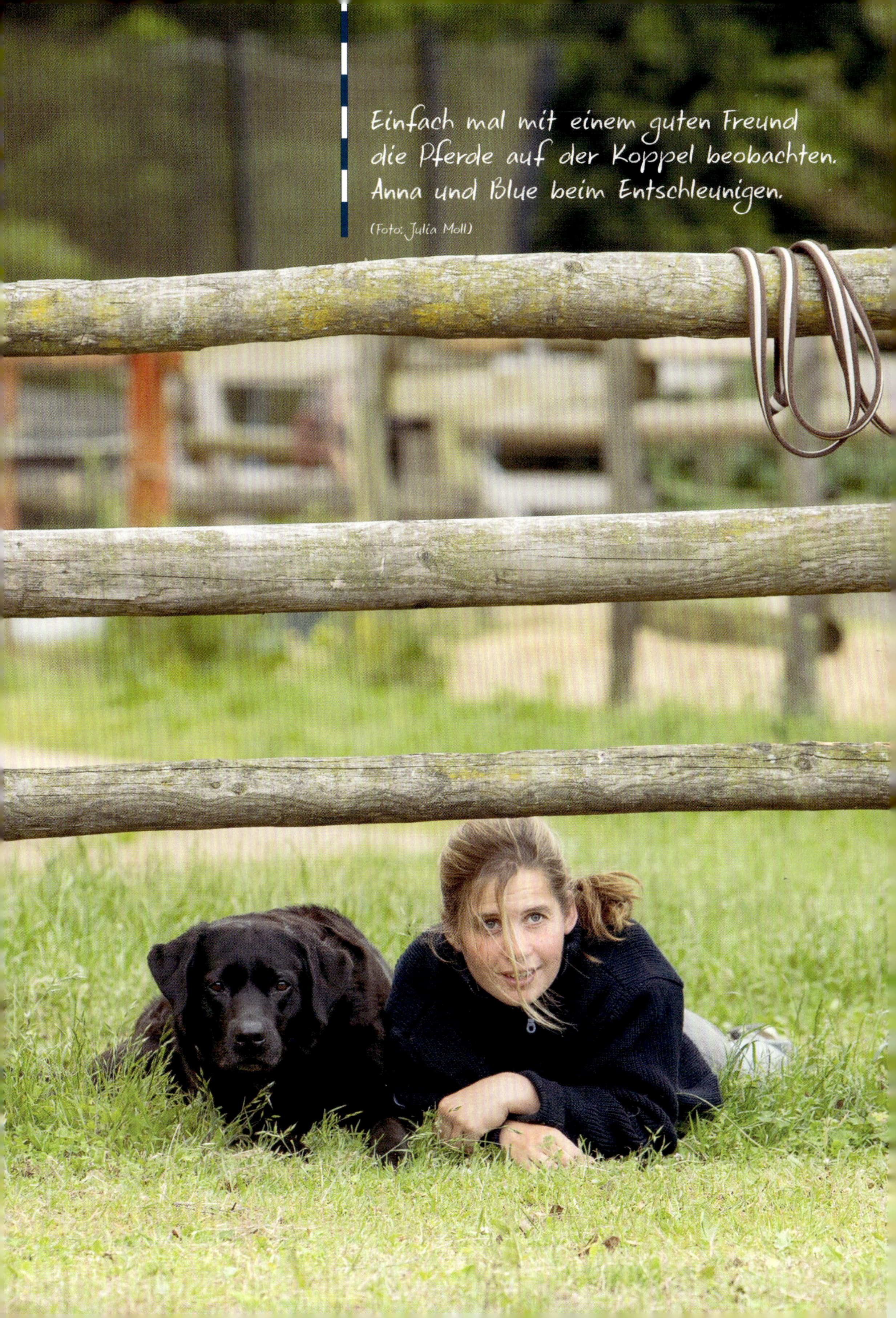

Einfach mal mit einem guten Freund die Pferde auf der Koppel beobachten. Anna und Blue beim Entschleunigen.

(Foto: Julia Moll)

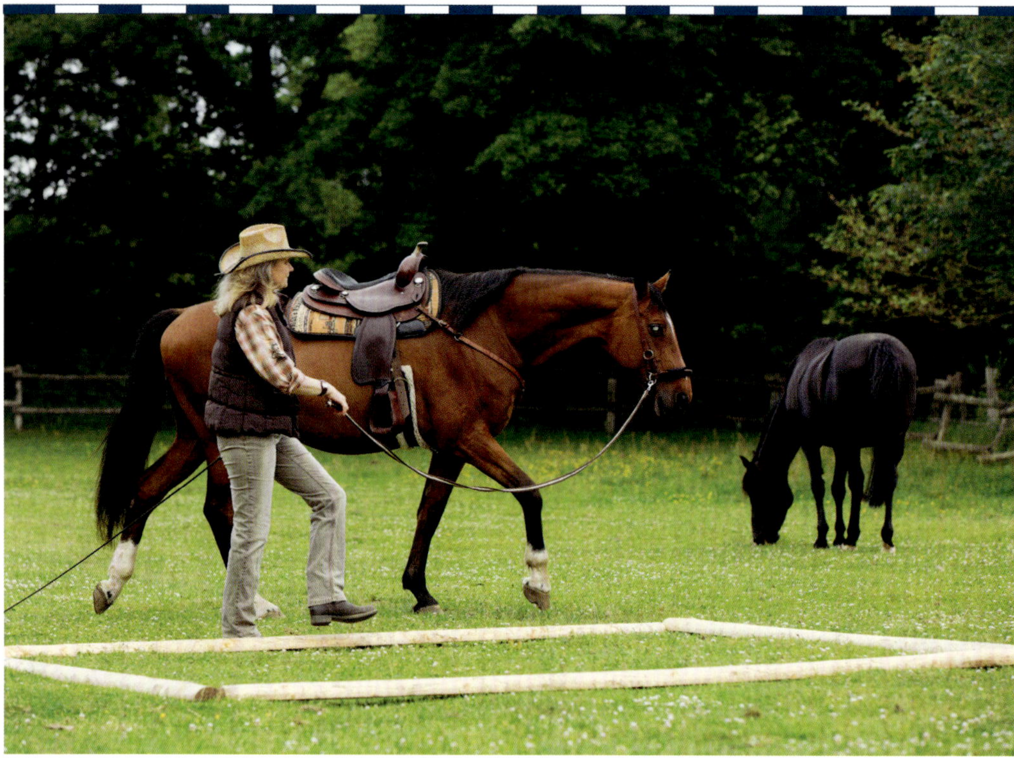

Synchrone Bewegungen können Mensch und Pferd fast eins werden lassen. Der halb blinde Leven in der Stangenarbeit. Stimmen die Signale, geht es auch problemlos auf der blinden Seite vom Boden. (Foto: Julia Moll)

Ein doppeltes „Sch“ könnte das Kommando zum Halten sein. Der Fantasie sind keine Grenzen gesetzt. Wichtig ist nur, dass Sie sich mit Ihren Mitreitern auf ein Lautsystem einigen und es konsequent durchhalten.

Arme und Gestik

Neben der Stimme, die wir sehr bewusst beeinflussen können, geben wir dem Pferd ständig Signale, ohne dass wir es merken. Es liest permanent unsere Körpersprache. Das machen wir mit unserem menschlichen Gegenüber zwar auch: Verschränkt die Person die Arme? Wie dynamisch bewegt sie sich? Was sagt ihr Gesichtsausdruck? Pferde sind allerdings wesentlich bessere Beobachter, die sogar unbewusste Mikrobewegungen bei Menschen wahrnehmen. In der Forschung ist das als „Kluger-Hans-Effekt“ bekannt. In der Praxis heißt es hingegen oft: „Der veralbert mich doch.“

Dabei ist das Gegenteil der Fall. Wenn ein Pferd nicht so wie gewünscht reagiert, ist oft die Körpersprache des Menschen schuld. Sie ist nicht eindeutig genug oder widerspricht anderen Signalen, sodass das Pferd nicht weiß, was es tatsächlich tun soll. Oder wie würden Sie reagieren, wenn jemand eine einladende Geste macht und dazu brüllt: „Komm her, du Faultier!“ Sie wären auch erst einmal verwirrt und würden sich sehr genau überlegen, was sie als Nächstes tun. Wahrscheinlich würden Sie einer so ausgesprochenen Aufforderung nur sehr zögerlich und nach weiterer gründlicher Beobachtung Ihres Gegenübers nachkommen. Noch wahrscheinlicher ist, dass Sie auf Abstand gehen. Für das Fluchttier Pferd ist das die wahrscheinlichste Option.

Was bedeutet das für den Umgang? Wenn Sie tatsächlich eine partnerschaftliche, vertrauensvolle Beziehung zu Ihrem Pferd anstreben, dann nutzen Sie Ihre Körpersprache bewusst. Das beginnt schon am Boden, bevor Sie überhaupt ans Reiten denken. Fahren Sie innerlich herunter.

Wer schon beim Striegeln wie eine Hummel ums Pferd schwirrt, darf sich nicht wundern, wenn es nervös ist. Bewegen Sie sich ruhig, vermeiden Sie schnelle, hektische Bewegungen und konzentrieren Sie sich auf das, was Sie gerade tun. Seien Sie präsent, aber nicht aufdringlich.

Wenn Sie anfangen, dem Pferd Kommandos zu geben – und das beginnt schon beim Führen zum Putzplatz oder Viereck –, seien Sie in Ihrer Gestik eindeutig, bestimmt und konsequent. Für jedes Kommando gibt es nur ein körpersprachliches Signal. Setzen Sie Gesten angemessen und dosiert ein. Wenn Sie mit Armen und Gerten herumfuchteln, als wollten Sie Flugzeuge einweisen, wird das Pferd Ihnen vermutlich nicht folgen. Schließlich wirkt das bedrohlich auf ein Fluchttier. Agieren Sie hingegen zurückhaltend, wird es Ihnen vertrauensvoll folgen. Das ist der erste Schritt, um später durch immer subtilere Gestik miteinander zu kommunizieren.

Aktivieren statt Treiben

Wer sein Pferd animieren möchte, sich schneller zu bewegen, spricht meistens vom „Treiben". Ich vermeide den Begriff, da ich ihn für falsch halte. Wer sein Pferd treibt, macht sich seine Angst zunutze und fördert seinen Fluchtinstinkt. Aus meiner Sicht widerspricht das einem partnerschaftlichen Miteinander. Partner unterstützen sich gegenseitig. Daher möchte ich Sie dazu einladen, Ihr Pferd zu motivieren und zu aktivieren.

Wie funktioniert das? Indem wir es in die Lage versetzen, sich nach den Gesetzen der Biomechanik auszubalancieren. Klingt einfach – und ist es auch.

Dafür machen wir uns den natürlichen Bewegungsablauf des Pferdes zunutze. Setzen Sie sich dazu ohne Sattel aufs Pferd. Sie können alternativ auch nur die Füße aus den Steigbügeln nehmen. Wenn Ihr Pferd nun im Schritt geht, schwingen Ihre Unterschenkel automatisch im Wechsel rechts und links an den Körper des Pferdes. Warum? Setzt das Pferd beispielsweise sein linkes Vorderbein nach vorn, drückt es dabei seinen Bauch automatisch zur rechten Seite. Ihr rechter Unterschenkel kommt durch diese Bewegung nun automatisch gegen die Flanke des Pferdes. Probieren Sie das einmal aus.

Klappt es? Dann verstärken Sie diesen Impuls bewusst. Dadurch unterstützen Sie das Pferd in der Bewegung und es lernt, das jeweilige Hinterbein im Takt unter den Schwerpunkt zu setzen. Sie werden schnell merken, wie gut sich Ihr Pferd durch diese Technik aktivieren lässt. Gleichzeitig schult dies die Balance des Pferdes. Wie Sie das Gleichgewichtsvermögen Ihres Pferdes überprüfen können, erfahren Sie auf Seite 42.

Dabei darf der Mensch niemals Druck auf das Pferd ausüben, es etwa vorn mit dem Zügel halten und von hinten treiben. Der wichtigste Lehrsatz meines Ausbilders Helmut Beck-Broichsitter lautete: „Reite der Hand hinterher." Damit meinte er: Erst wenn das Pferd selbst von hinten genug Schub entwickelt, darf man vorn das Gebiss leicht annehmen – nicht umgekehrt. Wichtig ist, immer zuerst den Hals, die Balancestange des Pferdekörpers, sowie die Schultern zu lösen. Das ist die

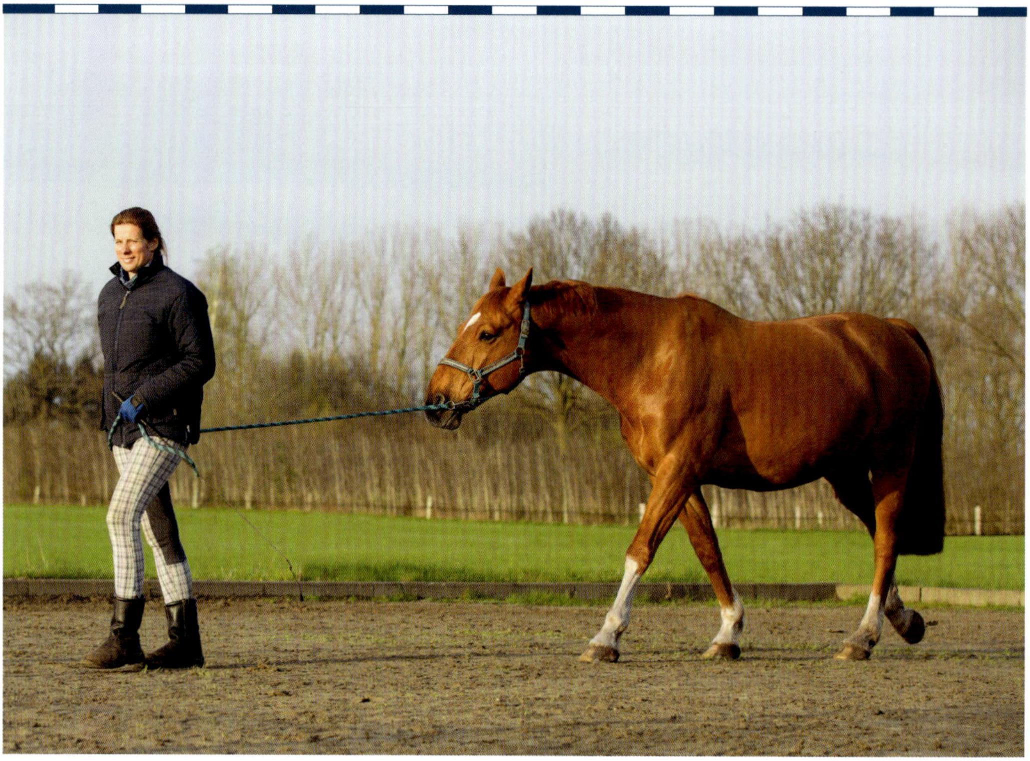

Hier zieht Yvonne Caruso hinter sich her. Das ist nicht von Vorteil, da der Druck am Kopf zum Gegendruck einlädt und dann das Pferd zurückzieht. Lang anhaltender Druck erzeugt immer Gegendruck. (Foto: Julia Moll)

Grundvoraussetzung für alle Übungen auch in diesem Trainingsbuch. Wenn das Pferd dort mobil und beweglich ist, kann ich anfangen, es an die versammelnden Lektionen heranzuführen.

Führpositionen

Alle Übungen in diesem Buch werden am Boden vorbereitet. Daher ist es wichtig, dass Ihr Pferd beim Führen absolut sicher auf Sie reagiert.

In welcher Position Sie Ihr Pferd führen, sollte davon abhängen, womit es sich bei Ihnen am wohlsten fühlt.

Tipp

Laufen Sie nicht hinter dem Pferd! Es nimmt dies als treibende Position wahr. Bei einer Volte würde es beispielsweise so bald wie möglich geradeaus laufen, statt den Kreis zu vollenden.

Meiden Sie beim Führen den direkten Blickkontakt zum Pferd. Er signalisiert dem Pferd, dass gleich etwas passieren wird. Das löst bei ihm innerlich eine Erwartungshaltung aus, die bei manchen Pferden in innere Anspannung umschlagen kann. In jedem Fall stört sie den Fluss der Übung und verunsichert das Pferd. Schauen Sie stattdessen dorthin, wo Sie mit dem Pferd als Nächstes hinwollen; behalten Sie dabei Ihr Pferd in den Augenwinkeln.

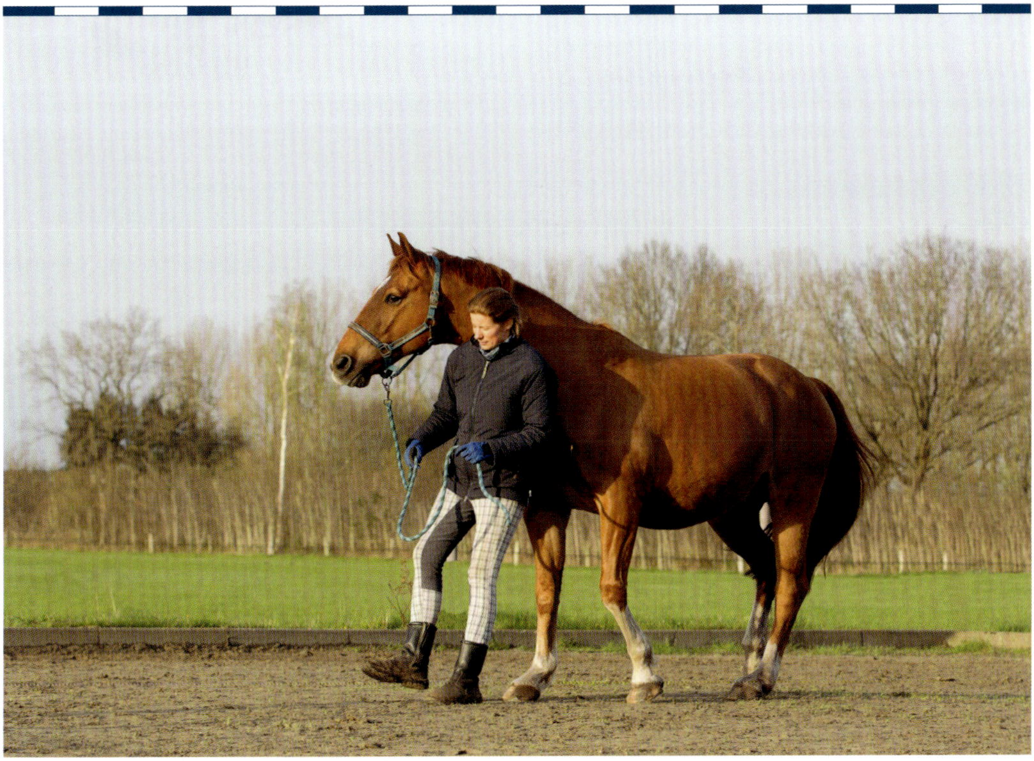

Ist das Pferd nicht im Vertrauen mit seinem Menschen, kommt es zu Rempeleien. Caruso schubst Yvonne vor sich her. Das kann für den Menschen schmerzlich werden.

So kann es gehen: auf Schulterhöhe, am durchhängenden Strick und mit Blick nach vorn. (Fotos: Julia Moll)

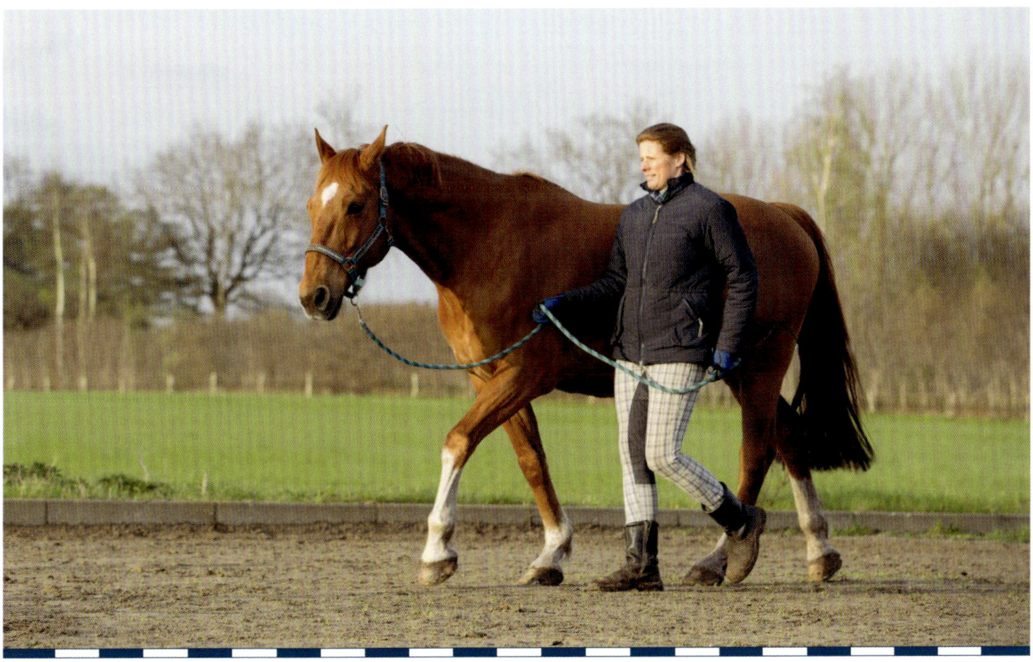

Möglich sind drei Führpositionen:

- Pferd auf Kopfhöhe
- Pferd auf Schulterhöhe
- Pferd auf Höhe Widerrist

Führen und Halten

Wenn Sie mit dem Pferd arbeiten, tragen Sie beim Führen stets eine Gerte.

Wichtig: Weder Gerte noch Peitsche sind zum Zurechtweisen oder gar Schlagen da, sondern lediglich der verlängerte Arm des Menschen, der dem Pferd den Weg weist. Die Gerte wird daher auch nicht wie ein Säbel getragen, sondern abwärts, sodass ihre Spitze leicht nach hinten unten deutet. Sie sollte dabei locker in der Hand liegen.

Um das Halten vorzubereiten, geben Sie dem Pferd zunächst ein Signal. Das kann ein akustisches Signal sein oder eine leichte Bewegung des Leitseils oder der Longe. Danach machen Sie einen etwas größeren Schritt und drehen sich in einer Vierteldrehung zum Pferd. Dabei geben Sie das Kommando „Und Halt" oder etwas Ähnliches. Das Pferd wird dies schon nach wenigen Wiederholungen verinnerlichen. Bleiben Sie stets bei den einmal eingeübten Signalen, andernfalls verwirren Sie das Pferd nur.

Als Notbremse halten Sie die Gerte vor den Kopf des Pferdes. Wenden Sie es und stoppen es dann in Richtung Wand. Hält das Pferd an, holen Sie es sofort zu sich und machen eine Pause. Das ist für das Pferd das größte Lob.

Entspannen und Loben durch Pausen

Nach den meisten Übungsabläufen empfehle ich, kurz zu pausieren. Zum einen lernen Pferde erst in den Pausen, das vorher Gezeigte. Da funktioniert das Hirn nicht anders als ein Muskel: Dieser wächst auch nicht unter Belastung, sondern in den Zeiträumen zwischen den Trainingseinheiten. Zum anderen sollen sich Pferd und Reiter in den Pausen entspannen und Kräfte für die nächste Runde sammeln.

Bei vielen Reitern sieht das so aus: Das Pferd darf am langen Zügel gehen, der Reiter treibt dabei aber permanent mit den Schenkeln nach.

Das kann man so machen, bringt aus meiner Sicht aber wenig Entspannung. Erst recht, wenn Ihr Pferd noch nicht richtig ausbalanciert ist. Für meine Begriffe ist eine Stehpause, in der das Pferd mit seinem menschlichen Freund einfach abhängt, oft viel effektiver. Halten Sie, sitzen Sie ab und lassen Sie sich und Ihr Pferd zur Ruhe kommen. Es entspannt dabei und verarbeitet das eben Getane. Wie entspannt es dabei im Wortsinn abhängt, sehen Sie auf den ersten Blick: Kopf, Unterlippe und Augenlider sinken auf Halbmast.

Sie selbst können dabei den vorherigen Ablauf noch einmal analysieren und sich innerlich auf den nächsten vorbereiten. Wenn Sie beide wieder bereit sind, machen Sie mit der Reprise weiter.

Dieses Vorgehen entspricht auch Erkenntnissen aus der Biomechanik. Demnach kann ein Pferd seinen Reiter nämlich nur etwa 10 bis 15 Minuten tragen. Danach fließt das Blut aus den Muskeln, und die Lockerheit der Bewegung geht verloren. Alles wird gezwungener. Also lieber absteigen und Pause machen. Ähnlich kann man übrigens auch bei Ausritten verfahren. Bevor Ihr Pferd vor Schmerz den Rücken wegstreckt und mit Hirsch-

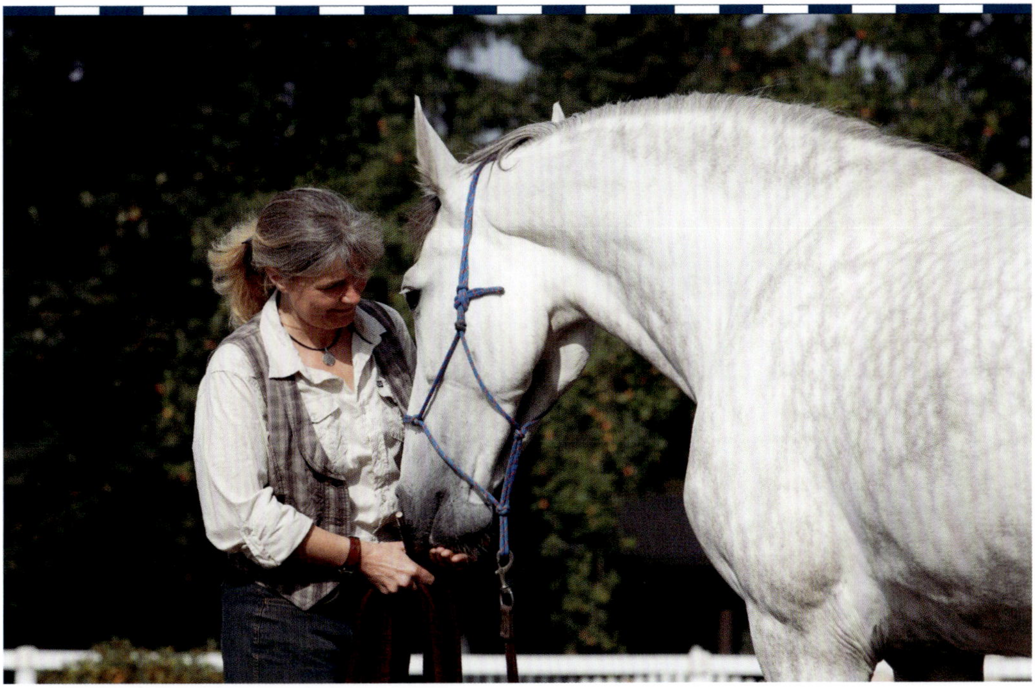

Holsteinerstute Zera bekommt am Ende der Arbeitseinheit einen Keks. Gezieltes Belohnen mit Leckerchen entspannt durch das Kauen einmal mehr das Genick. (Foto: Julia Moll)

hals über die Heide spaziert, sitzen Sie einfach rechtzeitig ab und führen es 10 Minuten. Danach geht es frisch und entspannt weiter. Diese Art des Pausierens, also das Nichtstun, halte ich auch für die effektivste Art, ein Pferd zu belohnen. An zweiter Stelle kommen körperliche Zuwendungen wie das Kraulen an den Lieblingsstellen des Pferds. Das Futterlob kommt erst an letzter Stelle.

Wer schon länger „pferdisch" arbeitet, wird feststellen, dass immer mehr Trainer vom Futterlob wegkommen zum gemeinsamen Herumstehen als Belohnung. Denn gemeinsames Durchatmen fördert die Sicherheit. Und darum geht es ja, wenn man mit dem Pferd etwas erarbeiten möchte. Außerdem entspannt es so besser und fordert nicht noch mehr Zuwendung oder Futter ein. Auch hier gibt es wieder eine Ausnahme: Bei nervösen Pferden kann Futterlob, zum Beispiel mit Leckerlis, sinnvoll sein. Die Kaubewegungen können dann nämlich zu einer schnelleren Entspannung führen.

Der Platz

Die Übungen sind auf die normalen Hallen- und Reitplatzmaße von 20 x 40 Meter ausgelegt. Wenn Sie sich und Ihrem Pferd den Einstieg erleichtern möchten, können Sie das Areal mit Stangen, Flatterband oder Ähnlichem halbieren.

Round-Pens sind aufgrund ihrer runden Form für Stangenarbeit hingegen ungeeignet. Zudem kommen hier gerade junge und nicht ausbalancierte Pferde schnell ins Rennen. Um nicht hinzufallen, flüchten sie sich in Geschwindigkeit. Das ist kontraproduktiv, da so der Fluchtinstinkt des Pferdes getriggert wird.

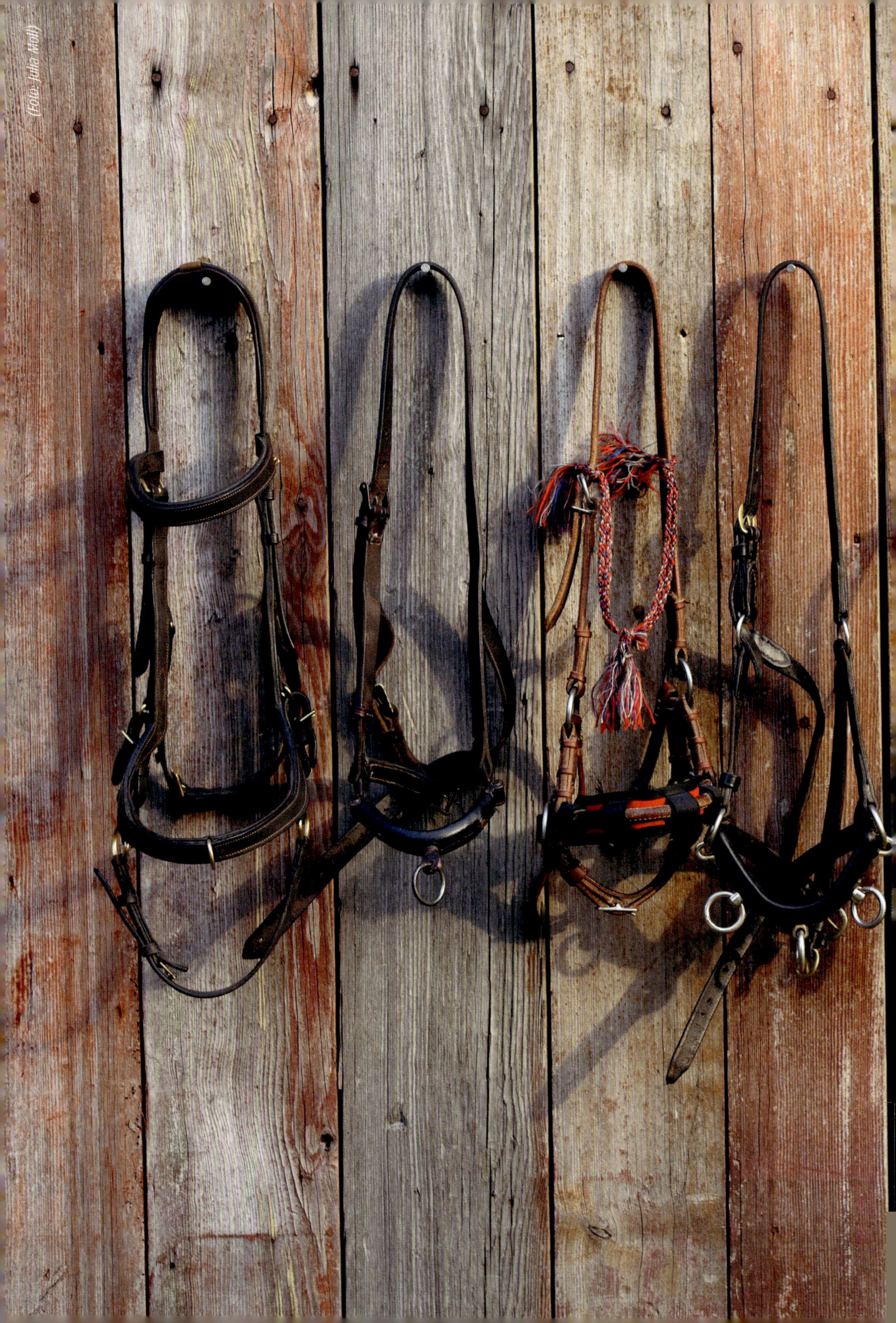

(Foto: Julia Moll)

Die Ausrüstung

Zaum, Longe & Co.

Die Übungen in diesem Buch können überwiegend am Boden, aber auch unter dem Reiter ausgeführt werden, mit und ohne Sattel, mit Zaum oder Halsring. Entsprechend groß ist die Bandbreite der Ausrüstung. Eines bleibt jedoch immer gleich, egal, ob Sie nun am Ende einer Longe stehen oder auf dem Pferd sitzen: Sicherheit geht vor. Das bedeutet: Tragen Sie bei der Bodenarbeit Handschuhe und beim Reiten zusätzlich einen Helm!

Weniger wichtig ist, wie schick Ihre übrige Kleidung ist. Funktionell soll sie sein und so bequem, dass Sie sich darin wohlfühlen und beweglich sind. Wenn Sie am Boden arbeiten oder im Fellsattel sitzen, müssen Sie daher nicht unbedingt eine Reithose tragen.

Da fortgeschrittene Reiter in der Regel ihr Equipment schon beherrschen und aufeinander abgestimmt haben, konzentrieren sich die folgenden Hinweise hauptsächlich auf die Bodenarbeit. Hier werden die Grundlagen für die Ausbildung des Pferdes und sein Verhältnis zum Menschen gelegt.

Für die Arbeit vom Boden kommen hauptsächlich fünf Zäumungen infrage:

Halfer: der Klassiker. Sie können Ihr Pferd damit führen und im Schritt auch um Stangen und Pylone dirigieren. Für höhere Gangarten eignet sich das Halfter nur bedingt, da es nicht besonders präzise einwirkt. Wenn Sie mit dem normalen Halfter longieren, können Sie die Longe oder das Seil wahlweise seitlich einschnallen oder an den unteren Anbindering. Dieser muss dann aber beweglich sein!

Sidepull: Das Sidepull ist eine gebisslose Zäumung, ähnlich wie ein Halfter aufgebaut und kann auch beim Reiten verwendet werden.

Knotenhalfter: Das Knotenhalfter ist schon deutlich präziser als das Halfter und Sidepull. Für Anfänger hat es allerdings einen Nachteil. Wenn Sie es nicht korrekt am Pferdekopf anlegen, üben Sie entweder gar keinen Druck aus oder an der falschen Stelle zu viel. Es eignet sich daher eher für etwas fortgeschrittene Reiter, die es korrekt an den Pferdekopf anpassen können.

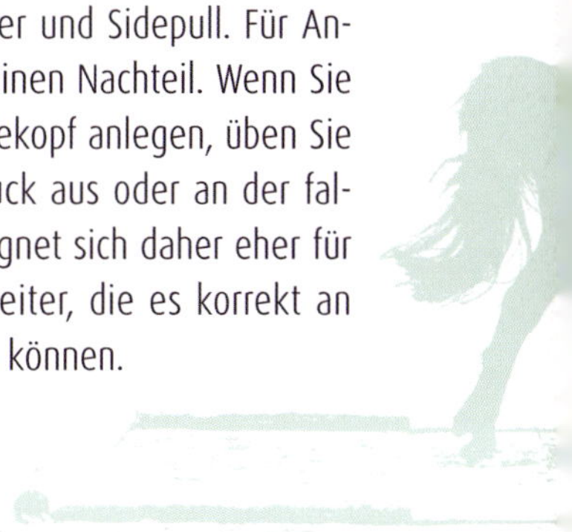

Kappzaum: das Präzisionswerkzeug. Der Kappzaum umfasst den gesamten Kopf des Pferdes und wirkt direkt auf das Genick und den empfindlichen Nasenrücken. Er gehört daher nur in die Hände erfahrener Reiter, die damit präzise und sensibel umgehen können. Dann allerdings ist ein korrekt verschnallter Kappzaum ein perfektes Mittel zur Kommunikation mit dem Pferd.

Trense: Zum Longieren dürfen weder Longe noch Leit- oder Führseil in der Trense verschnallt werden. Das ist ein absolutes No-Go! Ausnahme: Wenn Sie das Pferd nur ein wenig in der Führposition am Boden vorbereitend arbeiten möchten, schnallen Sie einen Ring aus einem alten Halfter locker in den Nasenriemen unten ein. Fürs Reiten kann er ganz bequem und schnell wieder entfernt werden.

TOP 3

Die beste Zäumung nützt nichts ohne passendes Verbindungsstück zum Reiter. Hier sind meine Top 3:

Führseil: Das übliche Führseil ist etwa 4 Meter lang und wird meistens mit dem Knotenhalfter verwendet. Führseile sind in der Regel sehr stabil. Der Nachteil: Sie sind deswegen auch recht schwer, reagieren vergleichsweise träge und erfordern mehr Kraft.

Leitseil: Beim Leitseil handelt es sich um ein circa 5 Meter langes Stück Longe. Weil es kürzer als die Longe ist, haben es gerade Einsteiger leichter damit bei der Arbeit.

Longe: Der Klassiker für die Bodenarbeit ist in der Regel 8 Meter lang. Die Handhabung der Longe erfordert etwas Übung, speziell das Verkürzen und Verlängern. Anfänger verheddern sich manchmal in ihren Schlaufen, sodass die Longe eher für Fortgeschrittene geeignet ist.

Egal, ob Sie nun Longe, Leit- oder Führseil verwenden, eines ist stets tabu: Longieren Sie Ihr Pferd niemals am Gebiss. Es braucht nicht viel Zug auf den Trensenring, um das Gebiss seitlich durchs Pferdemaul zu ziehen. Das ist extrem schmerzhaft für Ihr Pferd. Auf Dauer wird es im Maul entweder immer unsensibler für Ihre Hilfen oder es wird versuchen, sich zu entziehen.

Auch von Longierbrillen ist abzuraten. Sie wirken zwar weniger scharf als eine direkt am Gebiss verschnallte Longe, allerdings ziehen sie das Gebiss am Gaumen nach oben. Dieser berüchtigte sogenannte Nussknackereffekt ist für das Pferd sehr schmerzvoll und macht es auf Dauer im Maul stumpf.

Tipp

Mit dem Micklem Bridle kann man ähnlich wie am Kappzaum longieren, gebisslos arbeiten und mit Gebiss reiten. Ein großer Vorteil bei diesem Zaum ist die Gebissaufhängung, denn sie lässt die Backenzahnleiste komplett frei. So beißt sich das Pferd bei Kaubewegungen nicht in die empfindlichen Schleimhäute.

Gerte, Stick und Peitsche

Gerten und Ähnliches sind reine Verlängerungen Ihres Arms. Sie dienen dem Pferd als optische Hilfe oder allenfalls zum Touchieren. Womit Sie arbeiten, hängt von Ihren eigenen Vorlieben, Ihrem Pferd sowie dem Trainingsziel ab. Allerdings haben alle Armverlängerungen ihre Vor- und Nachteile:

Stick: Er ist ideal für Spiele in Freiarbeit und für den Einstieg in die Bodenarbeit mit Halfter oder Knotenhalfter. Für feinere Kommunikation, etwa in Kombination mit Kappzaum und Longe, eignet sich der Stick jedoch nicht. Allerdings können Sie ihn nutzen, um sich selbst eine entspanntere Gestik anzutrainieren. Dazu drehen Sie den Stick aus dem Handgelenk mit der Spitze zum Boden. Der Schlag soll dabei eine wellenförmige Bewegung beschreiben, die auf dem Boden ausläuft. Verharren Sie dann kurz in Ihrer Körperhaltung, bevor Sie einen neuen Anlauf nehmen.

Gerte: Sie ist deutlich leichter und präziser als der Stick und kann daher mit allen Zäumungen kombiniert werden.

Touchiergerte/Peitsche: Sie ist ideal in der Kombination von Kappzaum und Longe. Hier treffen drei Präzisionswerkzeuge für die feine Pferdekommunikation aufeinander.

Die Stangen

Wer in seinem Reitstall normale Hindernisstangen hat, kann diese benutzen. Alternativ kann man aber auch Zaunlattenhölzer (10 x 10 Zentimeter) aus dem Baumarkt nehmen. Sie sind nicht nur viel leichter und günstiger als Hindernisstangen, sondern rollen auch nicht weg, wenn ein Pferd bei einer Übung versehentlich mit dem Huf dagegenkommt.

Die Farbe der Stangen oder Hölzer ist egal. Viel wichtiger ist, dass sie alle gleich lang sind, und zwar zwischen 2,5 und 4 Meter; optimal sind 3,5 Meter.

Tipp

SO TESTEN SIE IHRE GESCHICKLICHKEIT:

Bevor Sie Ihr Pferd mit Armverlängerer anleiten, sollten Sie erst einmal prüfen, wie gut Sie diese überhaupt benutzen können. Dazu stellen Sie ein paar Dosen auf eine Bande oder einen Zaun und schlagen sie einzeln von oben und von der Seite mit der Peitsche hinunter.

So ähnlich können Sie das auch mit dem Stick machen. Stellen Sie Hütchen auf den Boden. Dann versuchen Sie einmal, diese mit nur einem Ruck umzuziehen. Dabei sollte der Schlag des Sticks so um das Hütchen herumfallen, dass Sie es mit einer Bewegung umziehen können. Sie werden schnell merken, wie viel Geschick nötig ist, um den Stick zu bewegen, und wie schwer das präzise Handling dadurch wird.

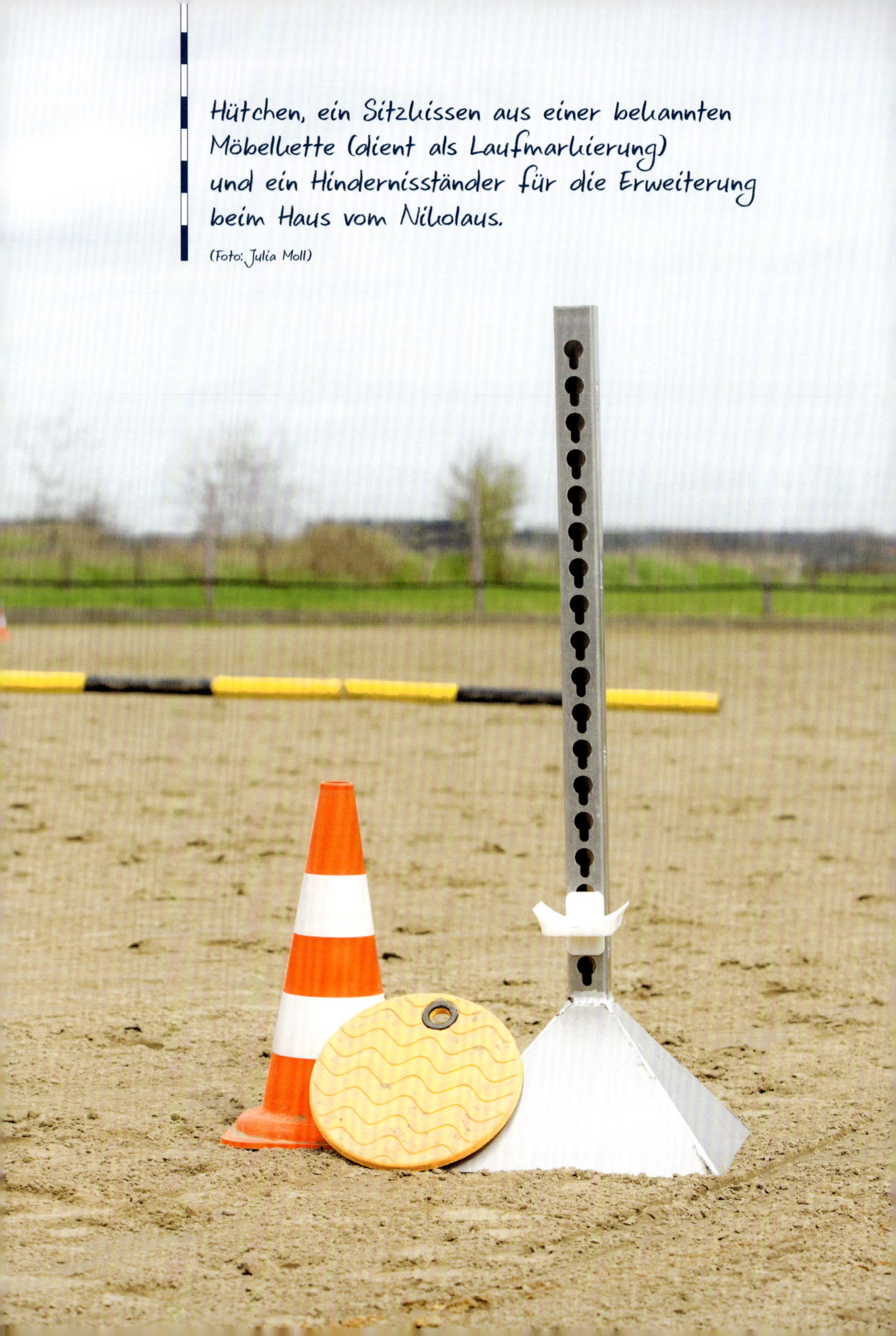

Hütchen, ein Sitzkissen aus einer bekannten Möbelkette (dient als Laufmarkierung) und ein Hindernisständer für die Erweiterung beim Haus vom Nikolaus.

(Foto: Julia Moll)

Schutz für die Pferdebeine

Sie können Ihr Pferd an allen vier Hufen mit Hufglocken schützen. Nötig ist das aber nicht unbedingt. Bei Pferden mit unsicherem Gang oder Beschlag können Sie Gamaschen verwenden.

Finger weg hingegen von Bandagen: Sie sind als Schlagschutz unwirksam, stützen weder Sehnen noch Muskeln. Werden sie zu fest gewickelt oder zu lange getragen, können sie sogar das Durchblutungs- und Lymphsystems des Pferdes massiv schädigen.

Hütchen und Markierungen

Für einige Übungen benötigen Sie Hütchen oder Pylonen. Diese gibt es in allen möglichen Ausführungen und Preisklassen in Reitsport- und normalen Sportgeschäften, im Internet oder bei Kfz-Ausstattern. Es geht aber auch günstiger: Stellen Sie einfach alte Futtereimer umgedreht auf den Boden.

Wenn Sie den Reiter oder Longenführer mit optischen Markierungshilfen unterstützen wollen, geht es noch einfacher. Dafür eignen sich beispielsweise Eimerdeckel, Frisbeescheiben und Ähnliches. Sie sollten nur darauf achten, dass ein Pferd auf so eine Markierung treten kann, ohne sich zu verletzen.

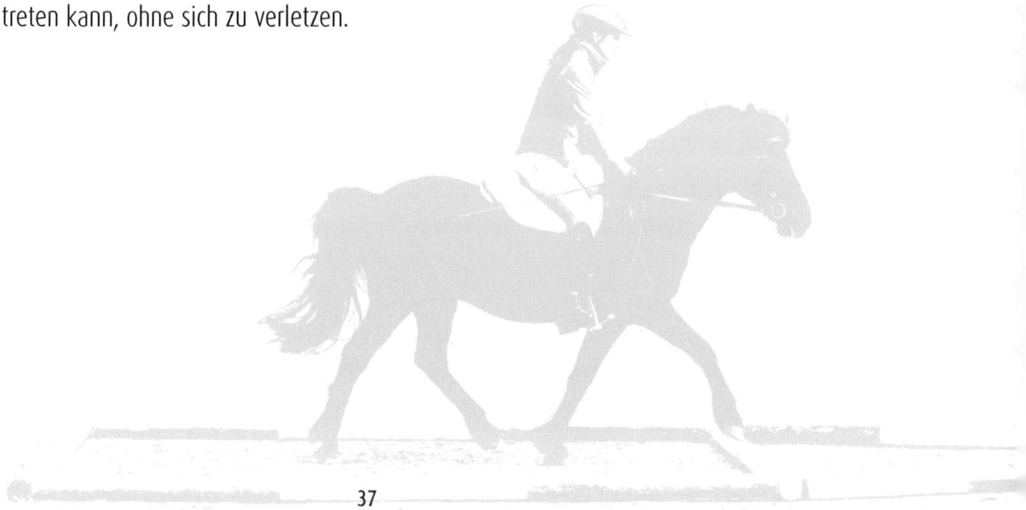

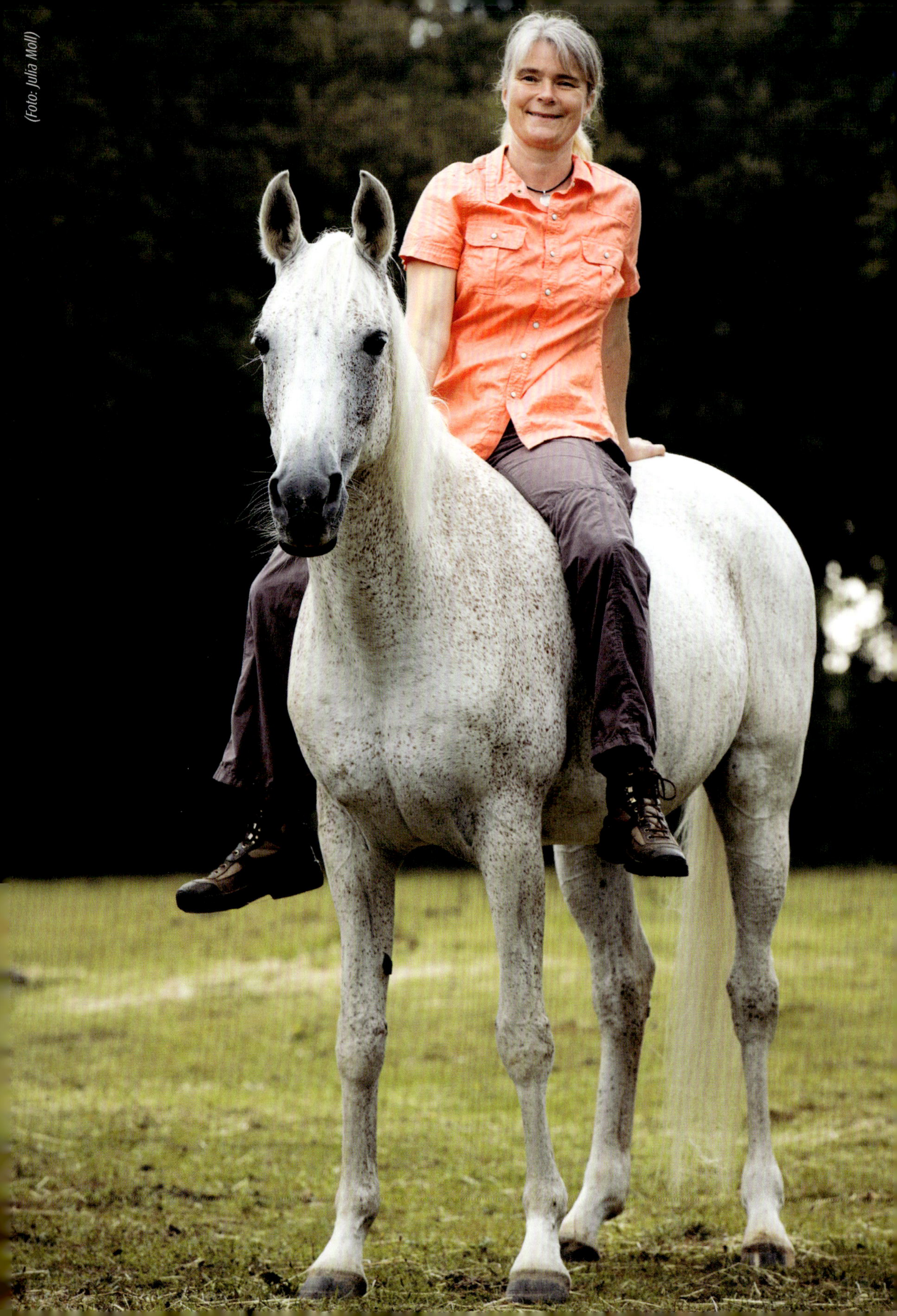
(Foto: Julia Moll)

Zur Balance

Arbeit mit dem Leitseil ohne Stangen

Ich beginne die Leitseilarbeit stets damit, dass ich mich auf das jeweilige Pferd so gut wie möglich einstelle. Dazu prüfe ich am Halfter, wie es sich verhält und wie gut es balanciert ist. Dabei zeigen sich Defizite besonders schnell: Ist es noch nie zuvor am Halfter oder ohne Ausbinder longiert worden, kann diese Kopffreiheit Probleme mit sich bringen. Pferde sind Gewohnheitstiere. Deswegen ist es manchmal sinnvoll, das Pferd länger an der Hand vorzubereiten, also Stellen, Biegen und Losgehen zu üben.

Ziel der vorbereitenden Leitseilarbeit ist es, dem Pferd klarzumachen, dass es vier Hinterbeine hat – tatsächlich vier, gemeint sind jeweils zwei abfedernde und zwei federnde Hinterbeine. Das eine Paar nimmt die Last des eigenen Körpers und des Reiters auf, das andere gibt sie wieder ab. Erst wenn das Pferd diesen Wechsel zwischen Lastaufnahme und -abgabe verinnerlicht hat, besitzt es ein Balancegefühl.

Das können Sie übrigens leicht selbst nachempfinden. Heben Sie einen vollen Wasserkasten aus den tiefen Knien und strecken Sie diese zum Laufen nicht, sondern bleiben dabei leicht in der Hocke. Und, wie geht es Ihnen damit? Ganz schön unangenehm in den Gelenken und ziemlich anstrengend, denke ich. So ähnlich geht es Ihrem Pferd, wenn es nicht ausbalanciert laufen kann und dabei noch Sie im Sattel durch die Gegend tragen soll.

Eine Übung für ein besseres Balancegefühl

Und das können Sie dagegen tun: Zuerst gehen Sie auf der geraden Linie parallel zum Pferd mit. Der Abstand zum Pferd ist dabei individuell. Bedrängen Sie es nicht! Pferd und Mensch brauchen immer einen Spielraum, damit ihre Persönlichkeit nicht beschnitten wird. Das Pferd ist in seiner Pferdewelt der Held. Es braucht uns nicht, um sich gut zu fühlen. Wir müssen uns daher so interessant machen, dass das Pferd auf unsere Gesellschaft nicht mehr verzichten möchte. Wir müssen für uns werben, statt das Pferd zu etwas zu zwingen. Das ist anspruchsvoll, denn dazu gehört neben dem freundlichen Umgang mit dem Pferd vor allem eines: das richtige Timing.

Die gute Nachricht: Timing kann man lernen. Je öfter Sie sich mit Ihrem Pferd beschäftigen und

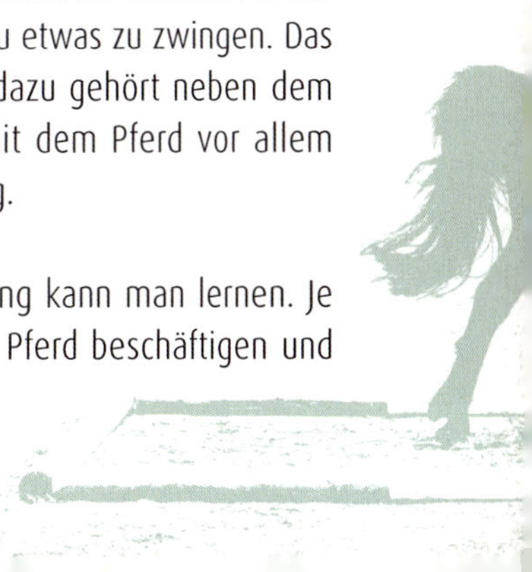

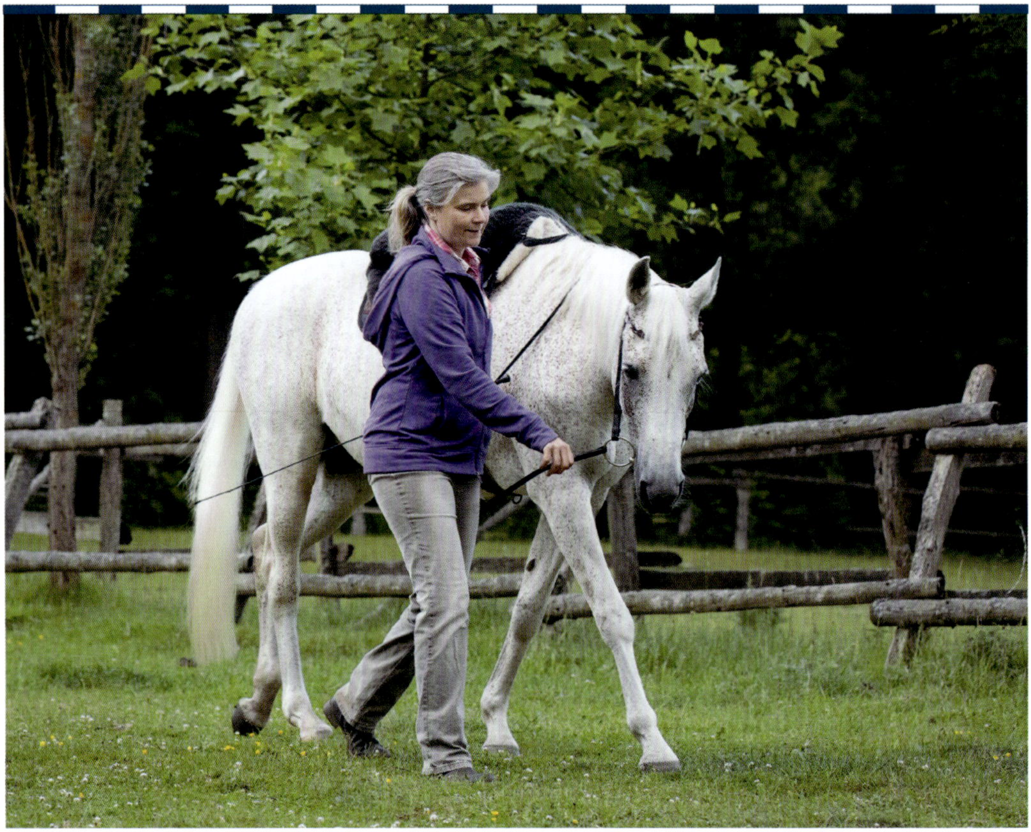

Die Handarbeit dient als guter Wegbereiter für das Festigen des Gleichgewichts. Hier zeige ich Missunde im Gleichschritt den Weg, Hals und Kopf von den Schultern zu lösen. (Foto: Julia Moll)

auf seine Signale achten, umso leichter wird es Ihnen mit der Zeit fallen, darauf rechtzeitig und angemessen zu reagieren. Das braucht seine Zeit, aber es lohnt sich.

Viel einfacher ist es natürlich, den eigenen Willen durchzusetzen – jedenfalls auf den ersten Blick. Doch damit schränkt man das Pferd ein, wertet seine Persönlichkeit ab und verunsichert es zutiefst. So entstehen ernsthafte Probleme.

Zurück zur Übung: Ihr Pferd geht in seinem individuellen Abstand auf der geraden Linie mit. Erinnern Sie es nun immer wieder daran, seinen Kopf leicht nach innen zu halten. Der Hinweis mit dem Hals bringt das Pferd auf das federnde Hinterbein und gewährleistet Stabilität: Die Schulter kann angehoben werden und wird beweglicher. In der Bewegung auf der freien Linie zieht Ihr Pferd nicht mehr nach außen wie in einer Zentrifuge, sondern bewegt seine Hinterhand in der Spur. Auch das Becken kann so am Wegkippen gehindert werden. Alles ohne Ausbindung!

Ausgleichende Bewegungen, wie Kopfschütteln, Nach-unten- oder Nach-oben-Ziehen, Nach-außen-Drängen, werden registriert, jedoch nicht gewertet. Versuchen Sie es ohne Emotionen, erinnern Sie Ihr Pferd stattdessen immer wieder liebevoll an seine Aufgabe: Es soll den Kopf leicht nach

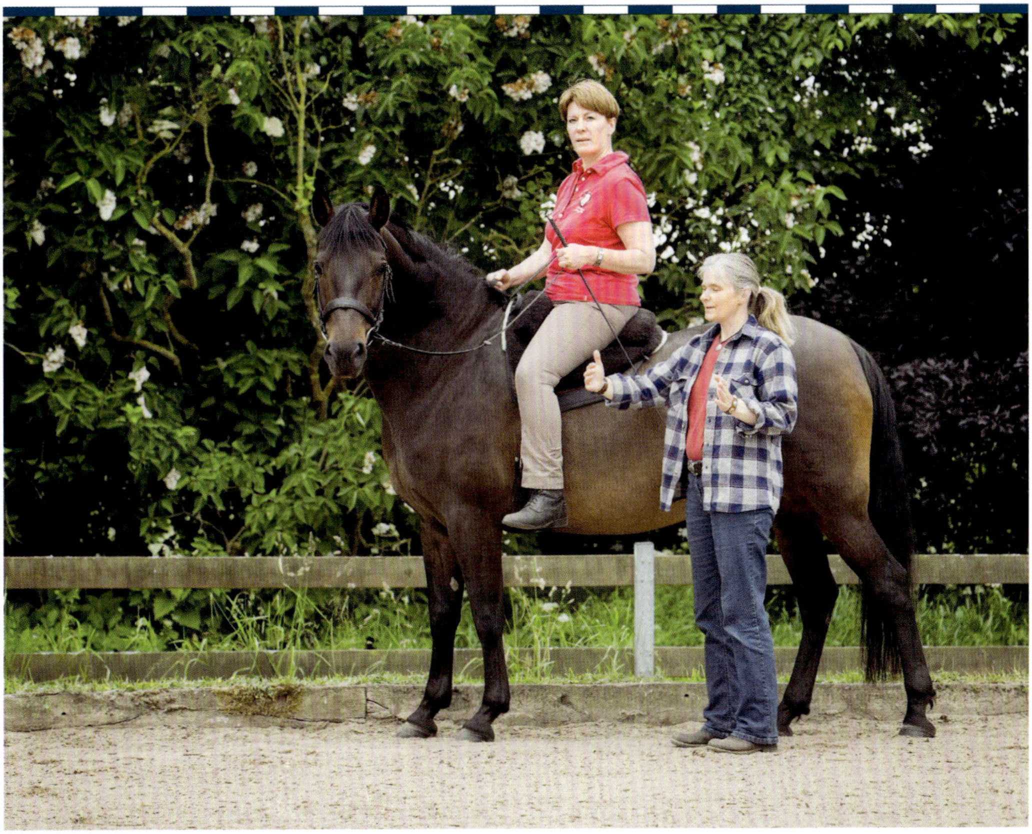

Hier erkläre ich Charlotte und Nino, das Ablösen des Halses von den Schultern. Das Pferd wird eingeladen, den Kopf und Hals 90 Grad abzuwenden. Bleibt es ausbalanciert so stehen, wendet der Reiter den Blick, denkt etwas rückwärts und lässt das Pferd mit geöffneten Schultern abwendend losgehen. Das Gewicht verlagert es kurz nach hinten, damit die Schultern frei nach oben-vorne losgehen können. (Foto: Julia Moll)

innen nehmen und sich im Gleichgewicht wiegen. Eine endgültige Haltung gibt es dabei nicht. Es ist immer ein Vor und Zurück, ein Rechts und Links, Herauf und Herunter. Zur Korrektur werden Sie anfangs sicherlich mit ausladenden Gesten arbeiten müssen. Mit der Zeit wird die Abstimmung zwischen Ihnen und Ihrem Pferd immer besser und die Gesten immer feiner: kleine Winks, Änderungen beim Ohrenspiel, das Kippen des Mähnenkamms sowie Gewichtsverlagerung von Schultern oder Becken, die meist nur aufmerksame Reiter wahrnehmen.

Das wird umso besser gelingen, je planvoller Sie vorgehen. Dann kommt das Pferd erst gar nicht in Versuchung, seine Grenzen auszutesten. Gibt es trotzdem Schwierigkeiten, liegt das meistens an der Kommunikation. Schuld daran ist überwiegend der Mensch, der sich nicht klar genug ausdrückt. Da Pferde generell gefallen wollen, suchen sie in solchen Situationen nach Lösungen und bieten Alternativen zum eigentlich Verlangten an. Treten Unsicherheiten im Verständnis auf beiden Seiten auf, sollten Sie innehalten, sich neu sortieren und dann weitermachen. Gehen Sie dabei wertungsfrei Schritt für Schritt vor. Wir rutschen schnell in Emotionen, wenn etwas nicht so läuft, wie wir es uns vorstellen. Verständnis auch für die eigenen Unzulänglichkeiten kann das

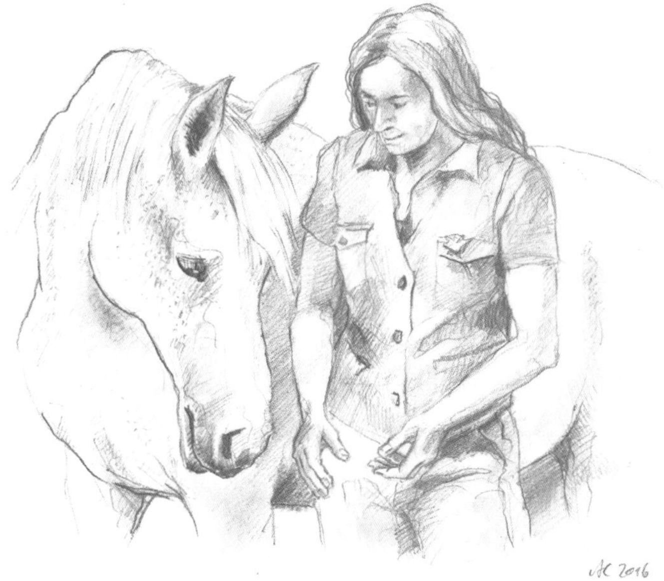

Beweglichkeit durch Freiwilligkeit. (Zeichnung: Anja Klafki)

Zusammensein mit dem Pferd sehr aufwerten. Ruhig bleiben, registrieren, aber nicht werten, dann wird alles leichter und liebevoller. Demut und Bescheidenheit werden mit dem Pferd wiederentdeckt. Ich muss meine Aktion stets hinterfragen, wenn die Reaktion des Pferdes nicht meinen Vorstellungen entspricht. Ich kann mich ändern, damit das Pferd meine Aktion ausführen kann. Aber ich muss das Pferd so nehmen, wie es ist.

So überprüfen Sie die Balance Ihres Pferdes

Wenn Sie Kopf und Hals des Pferdes zu einer Seite weisen, reagiert seine Hüfte in die gleiche Richtung. So können Sie die Schwerpunktrichtung des Hinterbeins bestimmen und steuern. Durch leichtes Stellen des Kopfs bewegt sich die Hüfte unter den Schwerpunkt – dorthin, wo der Reiter sitzt. Üben Sie dies zunächst im Stand, das macht es dem Pferd leichter. Viele Pferde verstehen diese Übung sehr schnell und bieten sie von allein an. Im Unterricht erlebe ich damit immer wieder sehr emotionale Aha-Erlebnisse bei den Reitern.

Eine gute Übung, um die Schulter des Pferdes abzusichern, beinhaltet mehr als Zügel- und Schenkelinformationen. Eine Möglichkeit, die Balance Ihres Pferdes zu spüren, funktioniert so: Stellen Sie Ihr Pferd seitlich an eine Bande oder einen Zaun; Sie selbst stehen mit Ihrem Rücken an der Schulter des Pferdes. Laden Sie es nun ein, seinen Kopf und Hals zu Ihnen zu biegen. Das heißt: Ziehen Sie nicht an Zügel oder Seil. Stellen Sie sich stattdessen vor, dass Sie dem Pferd ein Leckerli geben, denn es soll bei der Übung nicht von der Stelle treten. Durch das Wenden von Kopf und Hals verlagert das Pferd sein Gewicht über die Schultern nach hinten. Der angenehme Gedanke an ein Leckerli lässt das Pferd schnell in die gewünschte Richtung schauen. Wendet es also den Kopf ab, kann der Reiter mit dem Pferd in die gemeinsame Blickrichtung gehen: Dabei bewegt sich die äußere Schulter des Pferdes zuerst mit einem weiten Schritt und das Gewicht des Körpers verlagert sich kurz nach hinten.

Versucht es bei der Übung auszuweichen, war Ihr Tempo zu schnell. Probieren Sie es noch einmal langsamer. Lassen Sie dem Pferd Zeit und seien Sie selbst bei jeder kleinsten Bewegung ruhig und geduldig.

Balance und Reitersitz

Balancierter Reiter gleich balanciertes Pferd: Das ist eine Binsenweisheit, wenn auch sehr verkürzt. Doch wie sitze ich überhaupt balanciert? Viele Reiter glauben, dass man nur durch Sitzübungen an der Longe zum perfekten Sitz kommen kann. Das wird auch häufig so vermittelt. Es stimmt in meinen Augen allerdings nur zum Teil.

Es gibt eine unüberschaubare Anzahl von Büchern, die mit vielen Abbildungen zeigen, welche Sitzfehler es gibt, die unbedingt zu vermeiden seien. Demgegenüber steht in der Regel nur jeweils eine Zeichnung, die zeigt, wie der Reiter idealerweise sitzen soll. Interessant, wenn man bedenkt, dass jeder Mensch anders ist. Den einen richtigen Sitz kann es für mich daher nicht geben, einen guten Sitz für einen bestimmten Menschen hingegen schon. Fakt ist aber, dass Balance im Innen wie Außen der bestimmende Teil eines funktionierenden Reitersitzes ist. Wird also ein im Lot ausgerichteter Sitz dargestellt, so entspricht das der anatomischen Wahrheit der funktionalen Balance auf dem Pferd. Dieses Lot ist jedoch bei jedem Menschen unterschiedlich.

Wie kann man im Unterricht nun beurteilen, ob der Reiter in seiner inneren Balance sitzt? Als Reitlehrer bin ich kein Psychologe, der sofort sieht, wie es um den Menschen vor mir innerlich bestellt ist – auch wenn das sicherlich wünschenswert wäre.

Das Pferd besitzt hingegen die wunderbare Gabe, jeden Menschen zu emotionalen Handlungen zu bewegen, im Innen wie im Außen. Das ist jedoch nur möglich, wenn sich derjenige auf das Tier einlassen kann. Sitzübungen am ausgebundenen Pferd sind technischer Natur und bringen nicht die richtige Balance. Vertrauen zwischen Mensch und Pferd steht für mich über aller Technik. Daher ist der Sitz richtig, mit dem der Reiter, aufrecht mitschwingend, für das Pferd fast unfühlbar im Gleichgewicht sitzt.

Sitzhilfen funktionieren dadurch, dass sie innerhalb des Systems aus Reiter und Pferd etwas aus dem Gleichgewicht bringen. Das Pferd folgt dem veränderten Lot und damit dem Reiter. Wie soll das funktionieren, wenn das Pferd im künstlichen Gleichgewicht im Kreis läuft? Schon die Fliehkraft treibt den Reiter nach außen und das ausgebundene Pferd kann ihm dabei nicht einmal folgen.

Daher empfehle ich zunächst einen anderen Weg: Der Reiter sollte am besten erst einmal am Boden lernen, in seiner Balance zu laufen, sich rhythmisch zu bewegen und cross-koordiniert zu handeln. Das bedeutet zum Beispiel, auf dem linken Bein zu hüpfen und dabei gleichzeitig mit dem rechten Arm zu kreisen, also seine Gliedmaßen unabhängig voneinander zu bewegen. Der Sportwissenschaftler Eckart Meyners entwickelte dafür eine Reihe von Übungen, die extra auf den Reiter abgestimmt wurden. Sie fördern das Körperbewusstsein und -gefühl ungemein. Sowohl Reiter als auch Pferd profitieren sehr davon.

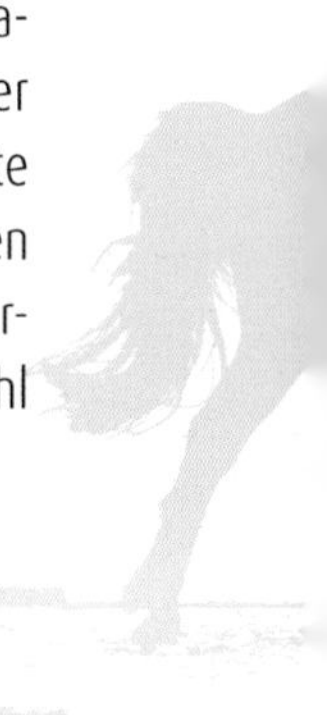

1 Übung

In jeder Ecke eine Volte

Was benötige ich dafür?

- 3 bis 5 Meter langes Leitseil
- Halfter oder Sidepull
- gegebenenfalls mehrere Hütchen oder 2 Stangen als optische Hilfe, um das Viereck in der Mitte der Bahn zu halbieren.

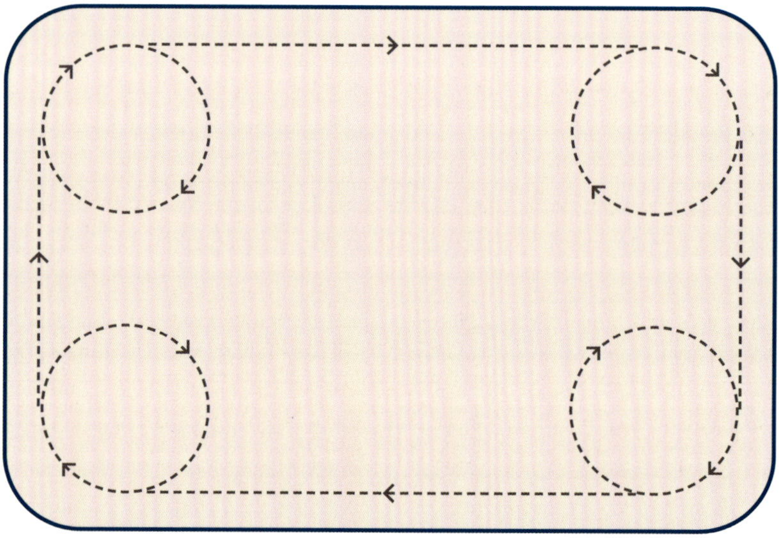

So geht die Übung

Voraussetzung ist, dass sich das Pferd vom Menschen leiten lässt. Es darf nicht losrennen, wenn es von der Wendung auf die Gerade gehen soll. Die Folge wäre, dass es wie in einer Zentrifuge mit immer mehr Tempo um den Menschen kreist, um seine Balance zu halten. Das gilt es unbedingt zu vermeiden. Stattdessen sollen Pferd und Mensch miteinander stetig kommunizieren.

Der Übungsablauf selbst ist denkbar einfach: Führen Sie das Pferd in jeder Ecke in eine große Volte. Sie muss so groß sein, dass Sie das Pferd nicht auf den Kreis ziehen müssen, aber auch nicht so klein, dass das Pferd Sie mit der Schulter bedrängt. Jedes Pferd hat einen individuellen Abstand. Hier haben Sie die Möglichkeit herauszufinden, wie groß dieser bei Ihrem Vierbeiner ist.

Problem: Mein Pferd bedrängt mich in der Volte.

Lösung: Treiben Sie das Pferd nicht einfach nach außen, so lernt es nur, sich dem Druck durch Geschwindigkeit zu entziehen. Überprüfen Sie stattdessen Ihre Führposition: Stehen Sie zu weit in Richtung Hinterhand, kommt das Pferd automatisch zu Ihnen herein.

Problem: Mein Pferd zieht mich nach außen.

Lösung: Überprüfen Sie die Führposition. Wenn Sie zu sehr in Richtung Schulter stehen, fordern Sie das Pferd auf, von Ihnen wegzuweichen.

Problem: Reiter und Pferd geraten auf der langen Seite aus dem Takt.

Lösung: Jedes Pferd hat sein individuelles Tempo. Wenn Sie zu schnell gehen, geraten Sie vor das Pferd und stoppen es so. Gehen Sie zu langsam und fallen Sie hinter die Führposition zurück, biegt das Pferd nach innen ab. So finden Sie das richtige Tempo: Gehen Sie mit längeren, federnden Schritten parallel zur Pferdeschulter geradeaus bis in die nächste Ecke. So können Sie sich dem Tempo des Pferds am besten anpassen und gewöhnen es gleichzeitig ans gemeinsame Gehen.

Kleine Hilfestellung: Das fällt anfangs etwas leichter, wenn Sie die Bahn mit Hütchen oder Stangen optisch halbieren.

Sinn der Übung

Diese einfache Übung ist die **Basis für alle weiteren Übungen**. Sie kann später auch vom Sattel aus zu Beginn einer Trainingseinheit zum Lösen benutzt werden. Da sie einen großen Wiedererkennungswert hat, verinnerlicht das Pferd sie schon nach mehrmaliger Wiederholung und sie ist später daher umso leichter abrufbar. Oft bieten Pferde die Übung auch selbst an. Je schneller ein Pferd eine Aufgabe bekommt, desto schneller befindet es sich in einer kreativen Kommunikation mit seinem menschlichen Freund. In der Übung wechseln sich **Volten und Geraden** ab. Die **Hinterbeine** des Pferds sind daher ständig gefordert, **Last aufzunehmen** und es **anzuschieben**.

Auf den Volten muss es zudem stets seinen Kopf seitlich biegen. Dadurch wird es recht schnell von selbst darauf kommen, das jeweils innere Hinterbein für die Lastaufnahme zu wählen, und somit automatisch in Stellung weiter nach innen gehen.

Die Übung wird stets auf beiden Händen absolviert, um das Pferd im Sinne des Gleichgewichts beider Hinterbeine aufs Geraderichten vorzubereiten. Beide Hinterbeine müssen gleich gut trainiert sein, bevor sich der Reiter in den Sattel schwingt. Je besser, desto sicherer das Pferd. Bei guter Vorbereitung habe ich so gut wie nie explosive Verhaltensweisen erlebt.

2 Übung

Zirkel und Zirkel aus der ganzen Bahn verschieben

Was benötige ich dafür?

- Longe
- Kappzaum
- 3 optische Markierungen wie Eimerdeckel, Frisbeescheiben oder Ähnliches.

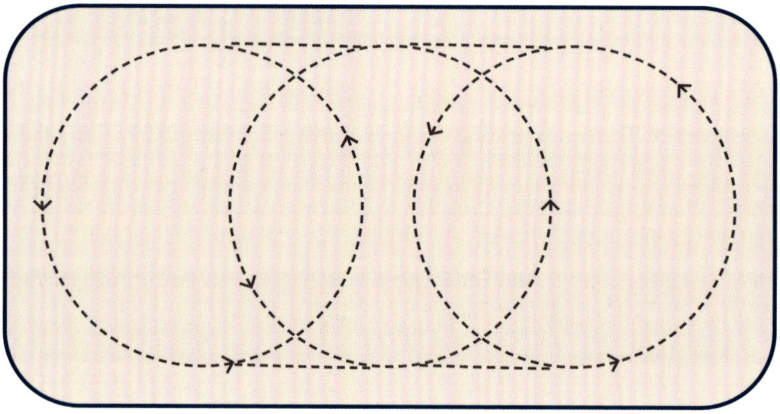

So geht die Übung

Markieren Sie drei Zirkelpunkte auf der Höhe der Bahnpunkte K, X und H.

1. Zu Beginn longieren Sie das Pferd zunächst einige Runden im Schritt in einem großen Zirkel um den unteren Zirkelpunkt.
2. Wenn das Pferd so auf der gedachten Kreislinie bleibt, machen Sie mit dem nächsten Schritt weiter: das Verschieben des Zirkels auf der Mittellinie.
3. So bereiten Sie es korrekt vor: Befindet sich das Pferd etwa auf Höhe von Bahnpunkt A, deuten Sie mit dem Longenarm in die neue Richtung (siehe Foto) und machen ihm so den Weg frei entlang der äußeren Bahnbegrenzung.
4. Behalten Sie dabei das Maß der Longe bei und gehen Sie parallel zum Pferd mit bis zur nächsten Markierung. Dort wenden Sie auf den neuen Zirkel ab.

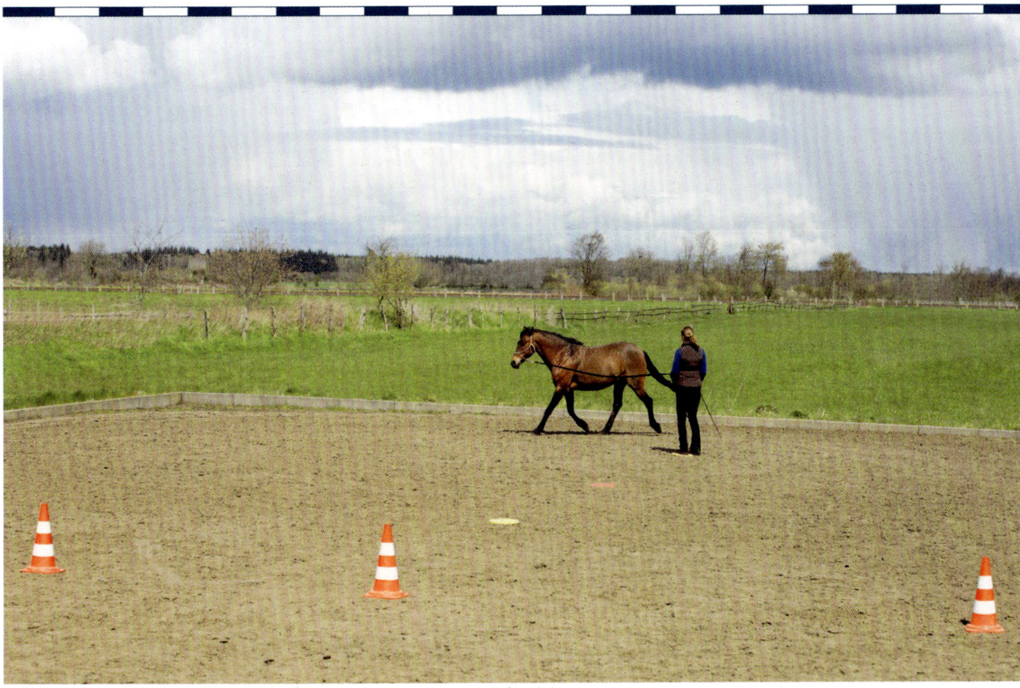

Die eigene Linienführung ist wichtig, um dem Pferd Sicherheit zu geben. Die Sitzkissen sind ein guter Leitfaden für die Verschiebung der Zirkel. Die Hütchen teilen die Bahn optisch ab. (Foto: Julia Moll)

Sinn der Übung

Jetzt wird das Pferd auf eine **dauerhaft gebogene Linie** gebracht. Die **Last** wird auf das **innere Hinterbein verlagert** und dort gehalten, wie bei einer gespannten Feder. Damit diese wieder entspannt und das Hinterbein entlastet, wechselt man alle zwei bis drei Runden auf den Mittelzirkel. Wichtig ist, dass das Pferd im Ganzen beweglich bleibt. Eine dauerhafte Haltung eines Körperteils ist nicht normal. Das Pferd sollte daher mit Kopf, Hals und Schulterbereich immer links, rechts, vor und zurück, hoch und herunter wechseln!

Gangarten

Schritt, Trab, Galopp und alle Übergänge; für Galopp besonders auf großen Zirkeln sehr schön.

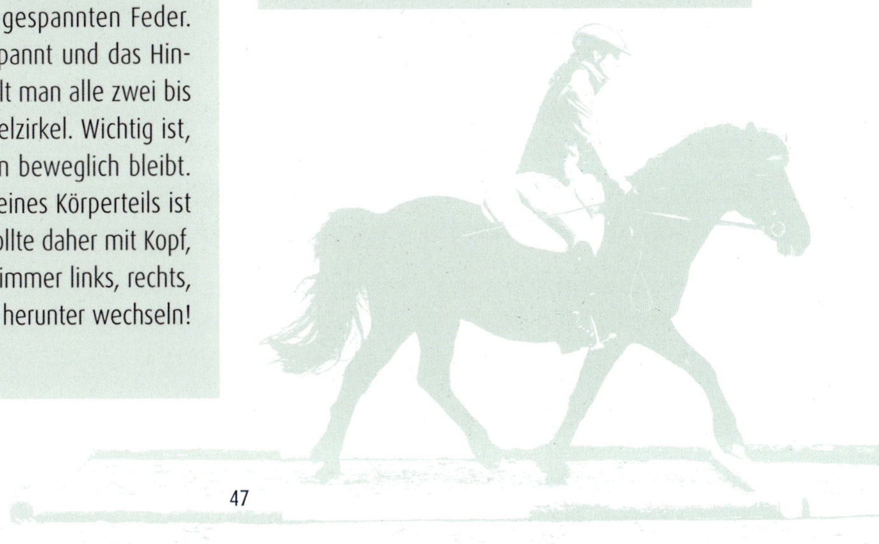

3 Übung

Großer Kreis, kleiner Kreis

Was benötige ich dafür?

- Longe
- Kappzaum
- Peitsche
- 3 Markierungen für die Zirkelpunkte (siehe Übung 2)

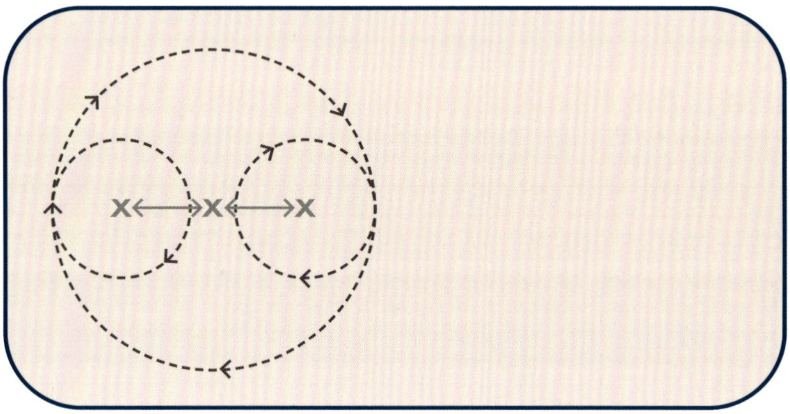

So geht die Übung

Für diese Übung benötigen Sie die Hälfte einer Reitbahn. Markieren Sie in Ihrer Bahnhälfte den zentralen Zirkelpunkt für einen großen Mittelzirkel sowie in gleichmäßigem Abstand links und rechts jeweils einen Punkt für zwei kleine Zirkel (siehe Skizze). Das erleichtert Ihnen anfangs die optische Orientierung. Später können Sie die Markierungen weglassen.

1. Gehen Sie mit Ihrem Pferd auf einen großen Zirkel (Hälfte der Reitbahn) und longieren Sie es einige Runden auf der Zirkellinie.
2. Fassen Sie die Longe ein bis zwei Schlaufen nach und gehen Sie dabei zur rechten der beiden Markierungen für die kleineren Zirkel. Lassen das Pferd dort eine Volte gehen.
3. Anschließend gehen Sie auf den Mittelpunkt des großen Zirkels zurück und geben dem Pferd wieder ausreichend Raum an der Longe.
4. Nach einer Runde nehmen Sie die Longe erneut auf und gehen zum gegenüberliegenden kleinen Zirkel. Wiederholen Sie dort die Schritte 2 und 3.
5. Fertig? Dann wechseln Sie die Hand und wiederholen die gesamte Übungssequenz noch einmal.

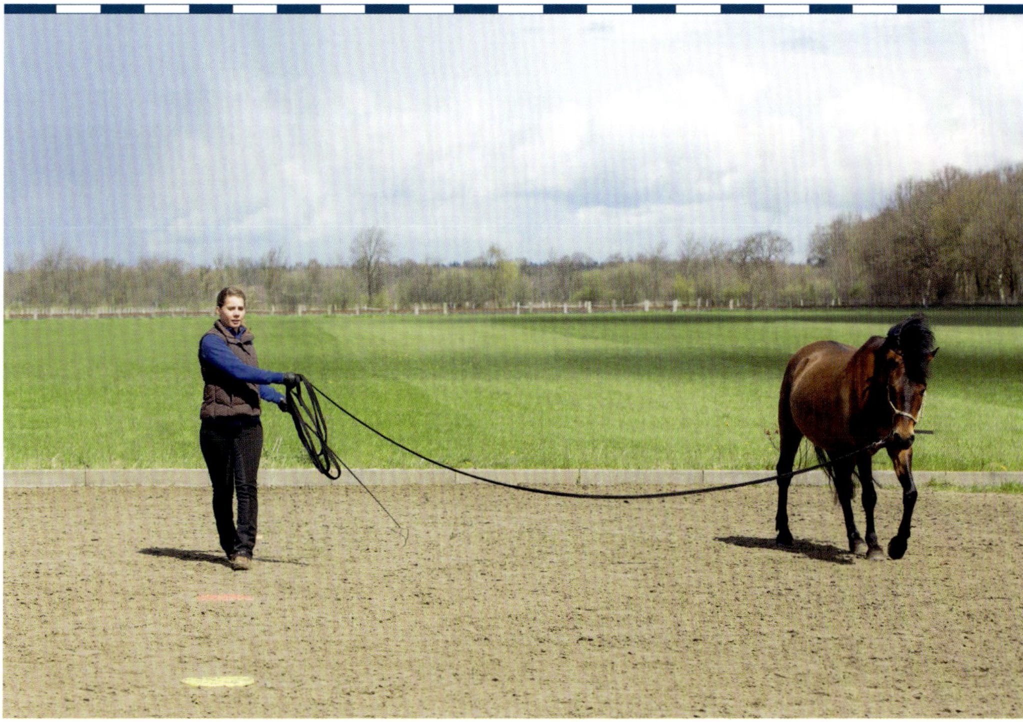

Blick in die Richtung des Weges und sicher von einem Mal zum nächsten. (Foto: Julia Moll)

Sinn der Übung

Sie kombiniert Übung 1 und 2 und verlangt von Mensch und Pferd mehr Geschicklichkeit. Sie **überprüft** die bisher gewonnene **Balance**, ist dynamischer im Ablauf und insgesamt etwas anspruchsvoller. Die Übung verbessert die **Trag- und Schubkraft** als **Grundvoraussetzung fürs Geraderichten**. Die Wechsel zwischen großen und kleinen Zirkeln und Handwechseln trainieren das jeweils tragende innere Hinterbein, ohne es dabei dauerhaft zu belasten. Es schwingt weiter vor und wird gestärkt. Das fördert die Geschmeidigkeit der Schulter im Einklang mit dem Rest des Körpers.

Gangarten

Diese Übung wird zunächst im Schritt und Trab an der Longe vorbereitet. Später kann sie auch geritten werden. Im Galopp ist sie nur für geübte Reiter und Pferde empfehlenswert.

3 Übung

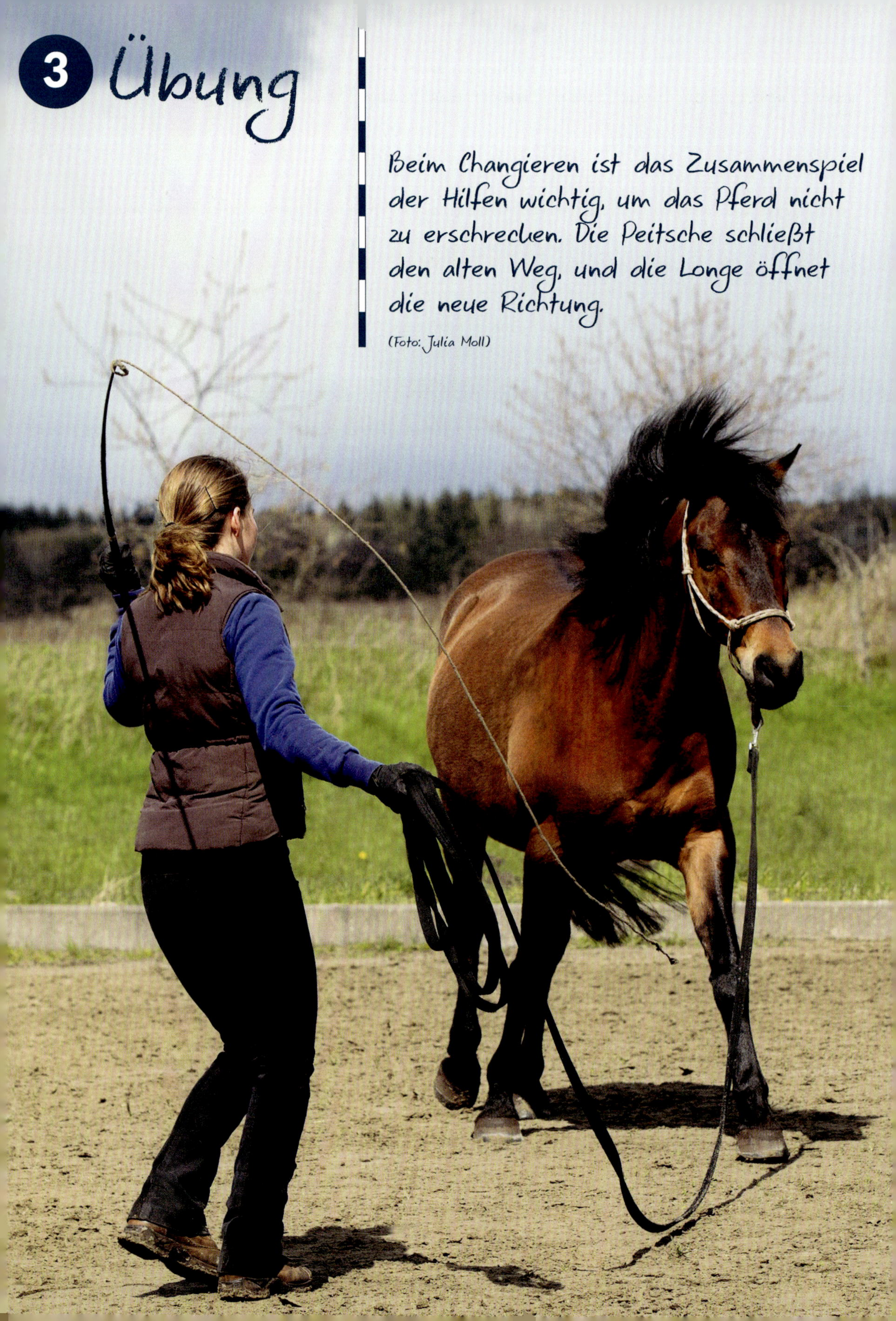

Beim Changieren ist das Zusammenspiel der Hilfen wichtig, um das Pferd nicht zu erschrecken. Die Peitsche schließt den alten Weg, und die Longe öffnet die neue Richtung.

(Foto: Julia Moll)

Tipp

SO GELINGEN HANDWECHSEL AN DER LONGE

Für den Handwechsel an der Longe gibt es drei Möglichkeiten.

a) In der einfachsten Variante laden Sie das Pferd ein, zu Ihnen zu kommen und vor Ihnen stehen zu bleiben. Gehen Sie dann auf die andere Seite des Pferds; wechseln Sie Longe und Peitsche in die jeweils andere Hand. Für ungeübte Longenführer empfiehlt es sich, die Longe gegebenenfalls noch einmal neu zu sortieren.

b) Alternativ können Sie Ihr Pferd auch auf der Zirkellinie halten lassen (am besten zur Bahnmitte offenen Seite hin), die Longe aufnehmen und einfach zur anderen Seite des Pferds gehen. Wechseln Sie Longen- und Peitschenhand und schicken Sie das Pferd mit einer Vorhandwendung auf die neue Zirkellinie.

Vorteil: Damit können Sie den Erfolg der Übung kontrollieren, denn das Pferd muss dabei die Hinterbeine nach vorn kreuzen. Sauber ausgeführt, zeigt es, dass seine Lende gelöst, sein Rücken locker und es insgesamt durchlässig ist. Top!

c) Eleganter, aber auch anspruchsvoller ist das sogenannte Changieren. Leiten Sie das Pferd dazu auf einen kleinen Zirkel und lassen Sie es an einem beliebigen Punkt halten. Gehen Sie nun rückwärts und laden Sie das Pferd zu sich ein. Behalten Sie das Longenmaß bei. Während das Pferd auf Sie zukommt, gehen Sie außen um seinen Kopf herum und wechseln auf seine andere Seite. Nun müssen Sie nur noch die Longe und Peitsche in die jeweils andere Hand nehmen und können dem Pferd die neue Laufrichtung weisen.

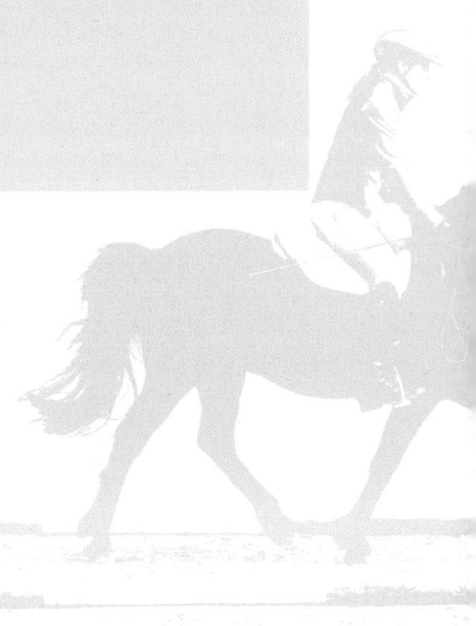

4 Übung

Doppel-T

Was benötige ich dafür?

- Leitseil (mindestens 5 Meter lang) oder Longe
- 4 Stangen oder Ähnliches
- eventuell 4 Markierungen für die Zirkelpunkte

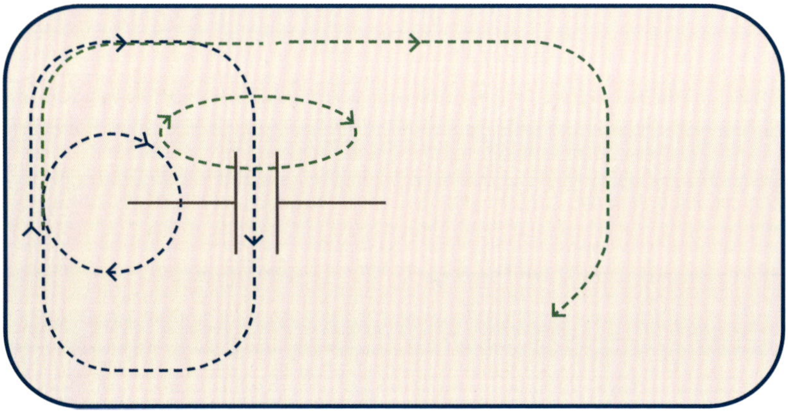

So geht die Übung

Legen Sie bei Bahnpunkt X eine Gasse aus zwei Stangen (a und b). Der Abstand zwischen den Stangen sollte zirka 90 Zentimeter betragen. Kein Zollstock parat? Kein Problem: Der Abstand entspricht etwa vier Schuhlängen (Größe 39). Legen Sie an beiden Stangen auf der Mitte jeweils eine weitere Stange (c und d) im rechten Winkel an, sodass beide ein T bilden. Zur Orientierung können Sie die Mittelpunkte der beiden großen Zirkel sowie der beiden Volten ober- und unterhalb der Gasse (siehe Skizze) markieren. Startpunkt der Übung ist Bahnpunkt A.

1. Führen Sie das Pferd an der Longe in einem großen Zirkel durch die Gasse. Dazu gehen Sie zunächst ein paar Schritte mit dem Pferd zur Mitte mit und wenden es dann vor Bahnpunkt E ab, sodass es gerade durch die Gasse geht. Hinter dem Ausgang der Gasse bei B wenden Sie es wieder ab.
2. Lassen Sie das Pferd erneut auf dem Zirkel gehen; doch statt durch die Stangengasse schicken Sie es diesmal mittig über die Einzelstange c.
3. Nun gehen Sie mit dem Pferd ganze Bahn (Abstand zur Bande etwa 2,50 Meter). Bei Bahnpunkt B leiten Sie eine Volte über die beiden Stangen der Gasse (a und b) ein, und zwar unterhalb von c und d. Die Volte wird so leicht oval.
4. Nun gehen Sie Richtung X und leiten einen Handwechsel ein. Wiederholen Sie die Schritte 1 bis 3 auf der neuen Hand.

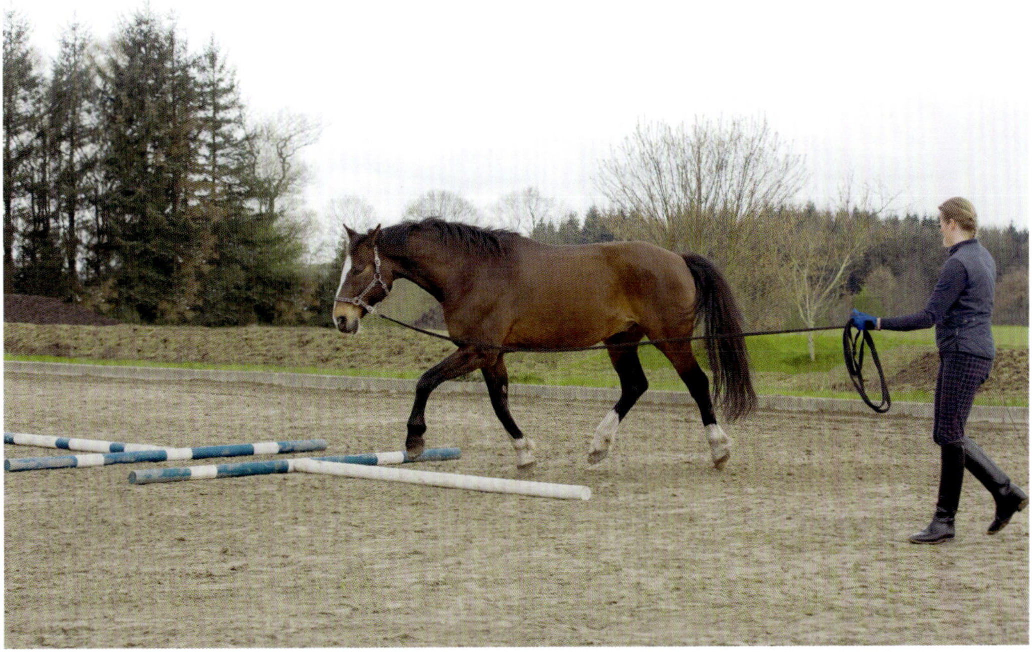

Die Longe muss über der Stange immer nachgeben, damit das Pferd die Beine anheben kann und nicht wegen fehlendem Gleichgewicht hochreißt. So wird aktiviert und nicht getrieben. Das Pferd findet in seiner Geschwindigkeit seinen Takt und Gleichmaß im Gang. (Foto: Julia Moll)

Sinn der Übung

Hier wird die **Gymnastizierung** des Pferds durch unterschiedlich große Zirkel und den Wechsel zwischen gebogener und gerade Linie weiter **vertieft**. Dazu soll das Pferd seine **Grundgelenke aktivieren**, also Schulterellenbogen, Knie- und Hüftgelenk. Diese werden in der normalen Arbeit oft vernachlässigt. Das erschwert später allerdings die Vorbereitung der Tiefenmuskulatur, um den Reiter besser tragen zu können.

Gangarten

Schritt und Trab an Longe; sehr fortgeschrittene Reiter können auf den großen Zirkeln auch im Galopp reiten sowie Übergänge zwischen allen Gangarten. Bei den kleineren Zirkeln empfiehlt es sich, im Trab zu bleiben.

Tipp

Bevor Sie die Übung richtig starten, sollten Sie die Abfolge mindestens einmal mit dem Pferd an der Hand ablaufen. So können Sie das Muster verinnerlichen, und das Pferd gewöhnt sich gleich an die Stangen in der Bahn.

5 Übung

Hufeisen

Was benötige ich dafür?

- 4 gleich lange Stangen oder Ähnliches
- langes Seil oder Longe
- Kappzaum

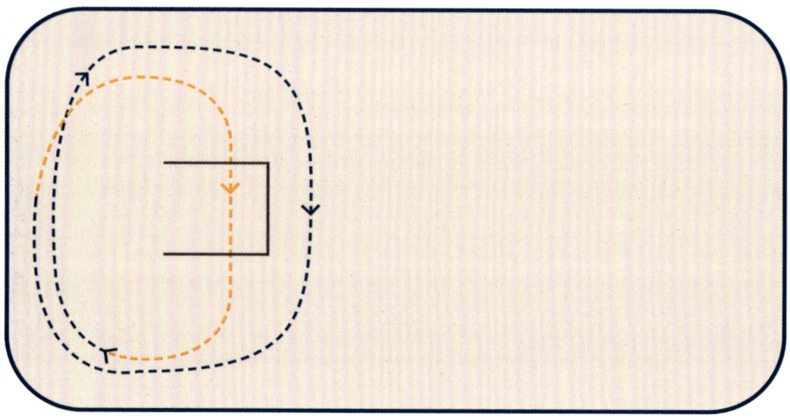

So geht die Übung

1. Starten Sie bei Bahnpunkt A und longieren oder reiten Sie einen großen Kreis durch die Stangengasse.

2. In der zweiten Runde wenden Sie bei Bahnpunkt F ab, sodass das Pferd wirklich mittig über die beiden Stangen c und d geht.

3. An der Longe gehen Sie Richtung Gegenbande mit, damit das Pferd wirklich in einer geraden Linie über die Stangen geht.

4. Wenn das Pferd wieder auf der Kreislinie einbiegt, gehen Sie als Longenführer wieder zum Mittelpunkt des Zirkels.

5. Sie können diesen Übungsablauf nun nach Belieben wiederholen. Wichtig dabei: Bauen Sie immer wieder Geraden ein, damit sich das Pferd von den anstrengenden Biegungen erholen kann. Wechseln Sie bei Gelegenheit die Richtung, und wiederholen Sie die Übung auf der anderen Hand.

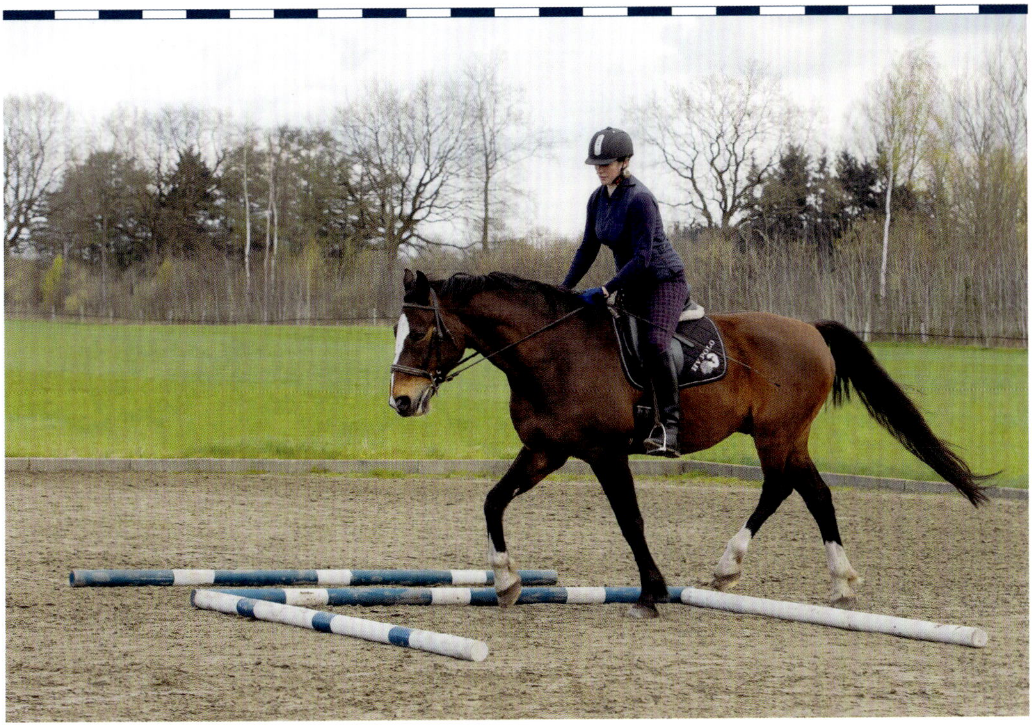

Über den Stangen ist es immer wichtig, das Pferd nicht zu stören, ihm aber trotzdem einen Rahmen zu geben. (Foto: Julia Moll)

Sinn der Übung

Vorbereitung auf Übung 6. Diese Übung dient der Kontrolle des Bewegungsablaufs des Pferds: Wie hebt es seine Beine; wie stark schwingt sein Rücken, hält es ihn eventuell fest; dehnt es sich abwärts; kommt es über die Stangen, ohne mit den Hufen dagegenzuschlagen? Es ist nicht schlimm, wenn das Pferd mit den Hufen gegen die Stangen tappt. Die Verletzungsgefahr ist gering; das Pferd ertastet so seinen Weg. Das Pferd soll durch den Gang über die Stangen freier in der Schulter werden. Der Raumgriff verbessert sich mit jeder Runde des Übungsdurchlaufs.

Besonders arthrotische Pferde profitieren von dieser Übung: In der Lösungsphase entlastet die Arbeit über die großen Gelenke die kleineren Gelenke.

Achtung: Diese Übung funktioniert nicht bei arthrotischen Pferden mit Lahmheiten! Bei Unregelmäßigkeiten im Gangwerk ziehen Sie unbedingt einen Fachkundigen (Reitlehrer, Tierarzt, Osteopathen etc.) zurate.

5 Übung

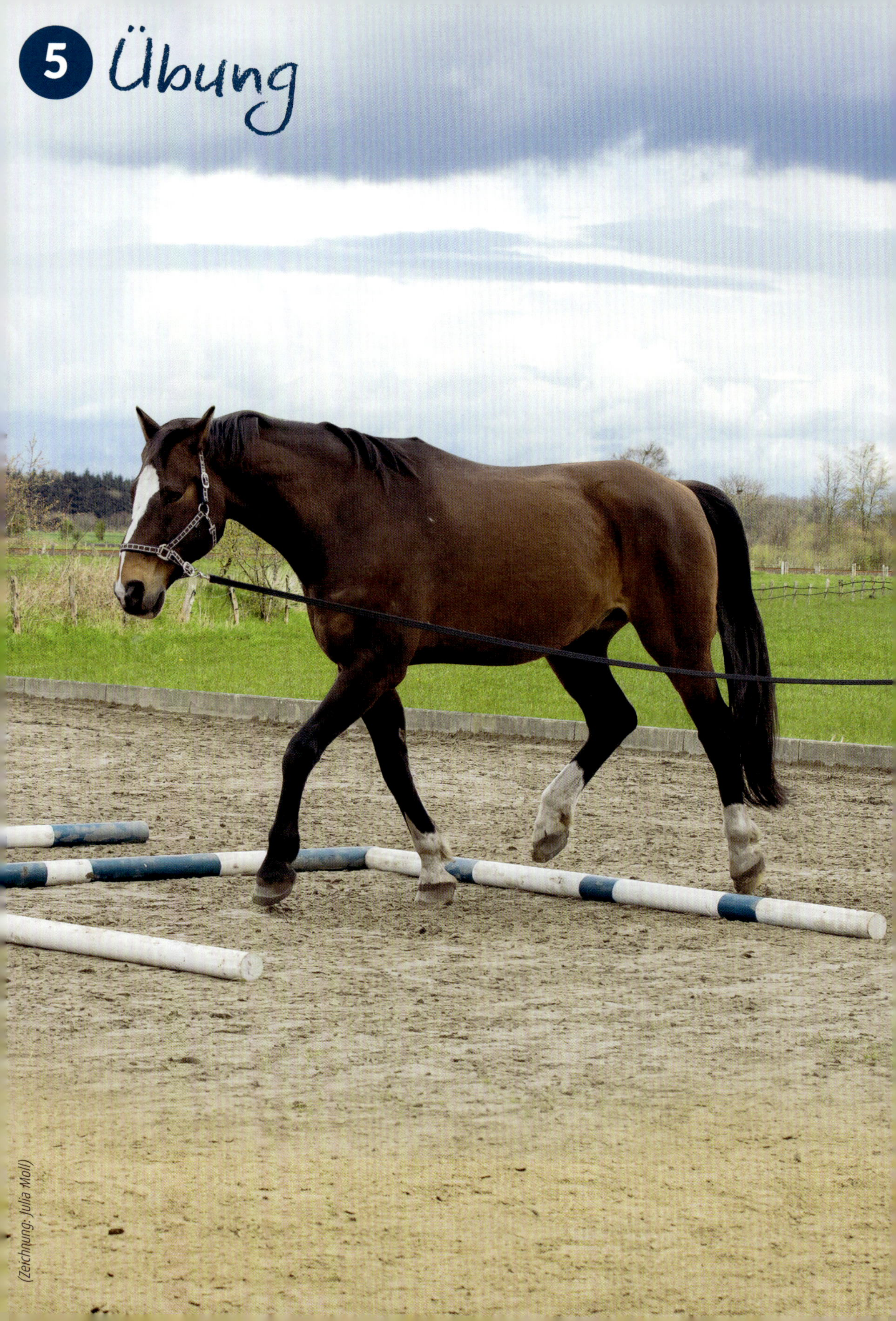

(Zeichnung: Julia Moll)

Problem: Mein Pferd geht nicht durch die Stangengasse.

Lösung: Möglicherweise empfindet es den Stangenabstand als zu eng. Ruhe bewahren. Wechseln Sie in die Führposition und führen Sie das Pferd durch die Gasse. Funktioniert dies nicht, legen Sie die Stangen weiter auseinander. Fühlt sich das Pferd mit dem Abstand wohl, können Sie ihn langsam verkleinern. Wichtig dabei: Brechen Sie nichts über das Knie und lassen Sie dem Pferd Zeit, sich an den geringeren Abstand der Stangen zu gewöhnen. Bevor Sie etwas erzwingen, gehen Sie immer einen Schritt zurück. Das gilt für die gesamte Pferdeausbildung.

Problem: Mein Pferd springt über die Stangen.

Lösung: Das Pferd kann die Entfernung noch nicht richtig schätzen. Gehen Sie einen Schritt zurück, und führen Sie Ihr Pferd an der Hand über den Parcours.

Problem: Ich bin als Longenführer vor oder hinter dem Pferd.

Lösung: Sie müssen Ihr Augenmaß und Ihre Körperkontrolle verbessern. Arbeiten Sie am Führtraining – mehr dazu auf Seite 28. Besser zu taxieren lernen Sie nur durch wiederholtes Üben.

Gangarten

An der Longe im Schritt, geritten auch im **Trab.**

Tipp

Führen Sie das Pferd zunächst im Schritt durch den Parcours, um den Übungsablauf erlebbar zu machen.

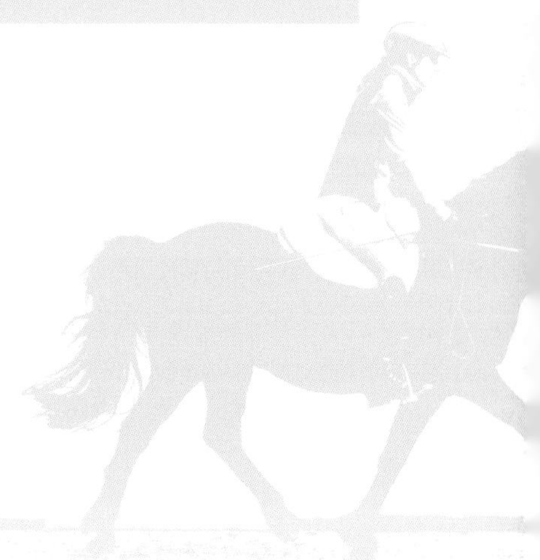

6 Übung

Quadrat

Was benötige ich dafür?

- 4 gleich lange Stangen
- 4 Markierungen

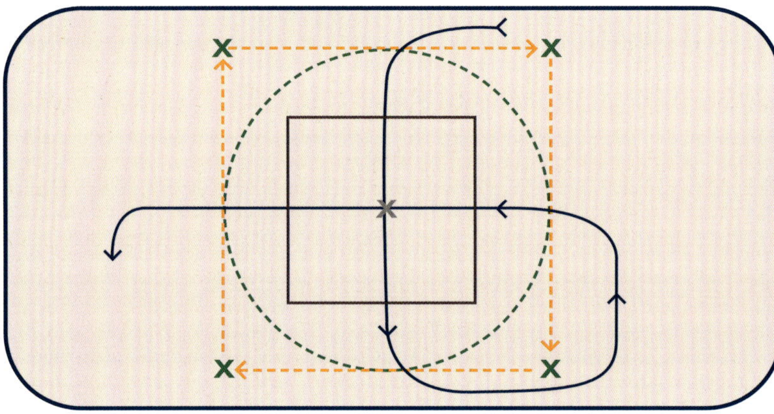

So geht die Übung

Legen Sie auf dem unteren Zirkel die Stangen zum Quadrat. Stellen Sie sich vor, dass es innerhalb eines größeren Vierecks liegt. Markieren Sie dessen Ecken mit Eimerdeckeln, Frisbeescheiben oder Ähnlichem.

1. Das Pferd geht um das innere Quadrat herum. Der Abstand zu den Stangen ist dabei individuell.
2. Als Longenführer gehen Sie nun vom Zirkelmittelpunkt diagonal zu Markierung 1; fassen Sie die Longe nach. Leiten Sie das Pferd in einer Wendung um das Mal und gehen Sie anschließend parallel zu ihm zum Malpunkt.
3. Bleiben Sie kurz davor stehen und leiten Sie das Pferd in einer Wendung um Malpunkt 2.
4. Wiederholen Sie den Übungsablauf an den folgenden Markierungen 3 und 4.
5. Funktioniert die Übung, gehen Sie in die Stand-by-Position und wiederholen den Ablauf in der nächsthöheren Gangart.
6. Wiederholen Sie die Übung an der anderen Hand. Für einen leichteren Richtungswechsel können Sie die freie Hälfte der Bahn nutzen.

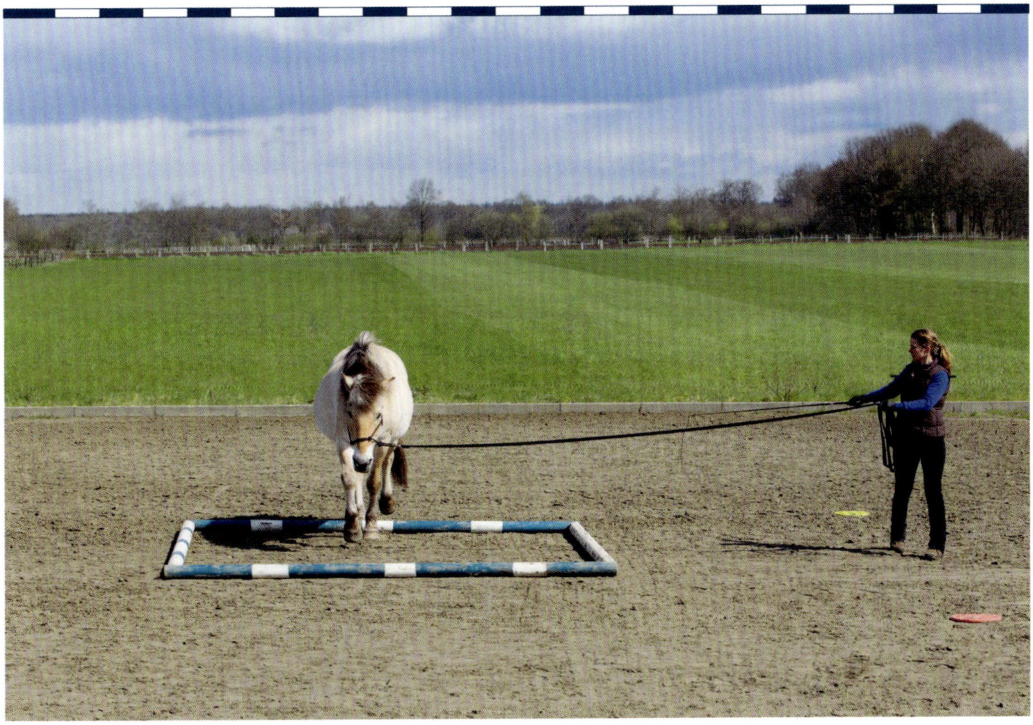

Die Mitte zu treffen bedeutet ein gutes Taxiervermögen und ein feines Händchen für die Longe. (Foto: Julia Moll)

Gangarten

Diese Übung ist sowohl an der Longe als auch unterm Sattel in allen Gangarten möglich.

Sinn der Übung

Diese Übung macht die **Schulter** des Pferds **freier**; seine **Schritte** sollen **länger und getragener** und die **Dynamik und das Gleichmaß im Gangwerk** gefördert werden. Außerdem gewinnt das Pferd an Routine.

Je balancierter ein Pferd wird, desto experimentierfreudiger wird es mit seiner Schrittlänge. Seine Schultern werden freier nach vorne und damit beweglicher. Es geht nicht darum, dass das Pferd seine Beine übermäßig hoch nehmen soll. Es geht um die Aufmerksamkeit und das Schwingen im Gang. Dies darf auf keinen Fall mit Geschwindigkeit verwechselt werden! Pferde schwingen langsam und gleichmäßig. Schwung kommt vom Schwingen, nicht vom Rennen. Sicherheit auf den vier Füßen bedeutet Gleichmaß im Gang. Unbalancierte Pferde laufen übrigens recht laut: Das Aufhufen ist recht deutlich zu hören. Wird es im Laufe dieser Übungsreihe balancierter, geht es auch leiser. Achten Sie mal drauf.

6a Variante

Quadrat

Was benötige ich dafür?

- 4 gleich lange Stangen
- 4 Markierungen

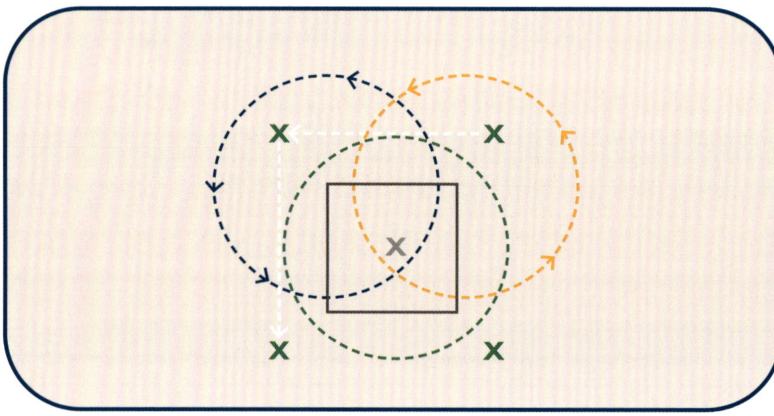

So geht die Übung

1. In dieser Variante lassen Sie das Pferd zunächst auch eine Runde um das innere Quadrat aus Stangen gehen. Danach gehen Sie auf Markierung 1 zu und fassen dabei die Longe nach. Lassen Sie das Pferd eine Volte gehen; dabei soll es über die Ecke des inneren Quadrats gehen.
2. Führen Sie das Pferd anschließend parallel zur Bande zum nächsten Mal, wiederholen Sie dort und an allen folgenden Malen den Ablauf.
3. Nach mehreren Runden führen Sie die Übung erneut auf der anderen Hand aus.

Sinn der Übung

Überprüfen, ob die Schulter wirklich frei und wie beweglich der Hals des Pferds ist; Verbesserung des Gleichmaßes im Gang.

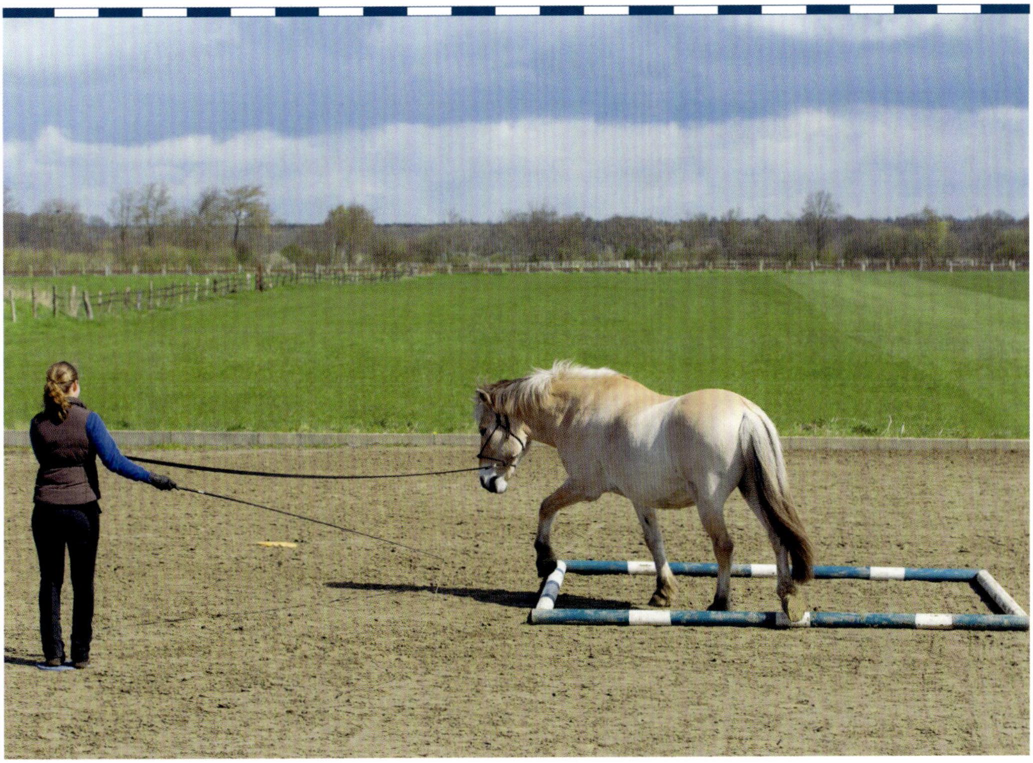

Hier sieht man deutlich die freie innere Schulter. Norwegerwallach Ole hebt an und wird kurz darauf weit über die Stange schreiten. (Foto: Julia Moll)

Problem: Mein Pferd zieht nach außen.

Lösung: Führen Sie das Pferd auf einer geraden Linie, und wenden Sie es ab, um es zu lösen. Achten Sie dabei darauf, nicht an der Longe zu ziehen. Das erzeugt nur Gegendruck.

Problem: Mein Pferd wird auf der Parallelbahn schneller.

Lösung: Das Pferd muss Energie loswerden. Lassen Sie es auf der zweiten Bahnhälfte galoppieren. Besteht das Problem anschließend weiter, hat das Pferd vermutlich ein Balanceproblem, das heißt: Es flüchtet sich in Geschwindigkeit. Hier müssen Sie an der grundlegenden Ausbildung des Pferdes nacharbeiten mit Übungen, die die Balance fördern.

7 Übung

Dreieck

Was benötige ich dafür?

- Halfter und Führstrick/Leitseil
- Longe
- Kappzaum
- 3 Stangen
- Male/Markierungen

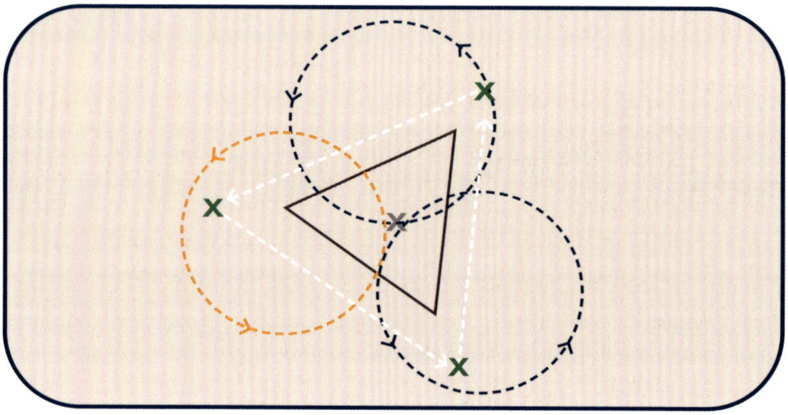

So geht die Übung

Bauen Sie das Dreieck so auf, dass die zum Bahnmittelpunkt zeigende Seite offen ist, und zwar so weit, dass ein Pferd hindurchpasst. Das sind bei Großpferden etwa 60 Zentimeter, bei Kleinpferden und Ponys entsprechend weniger.

1. Starten Sie auf dem Mittelpunkt einer Bahnhälfte. Longieren Sie das Pferd von dort zunächst in einem großen Kreis um das Stangendreieck herum.
2. Gehen Sie nun auf Position 1 (siehe Skizze) schräg oberhalb der oberen Spitze des Stangendreiecks. Verkürzen Sie dabei das Maß der Longe entsprechend so, dass Sie Ihr Pferd über die obere Ecke des Dreiecks longieren können.
3. Nachdem Sie dies einmal gemacht haben, leiten Sie das Pferd außen entlang von Stange a, bis Sie selbst auf Bahnpunkt X stehen. Longieren Sie das Pferd von dort über die offene Spitze des Dreiecks. Danach wiederholen Sie diese Schritte an der dritten Ecke des Dreiecks.
4. Nach der Volte dort führen Sie das Pferd an der Longe auf einer gedachten Mittellinie durch die offene Ecke des Dreiecks zur freien Seite der Reitbahn. Dort wechseln Sie die Hand und kehren zum Mittelpunkt des Dreiecks zurück.
5. Wiederholen Sie die Punkte 1 bis 4 auf der neuen Hand.

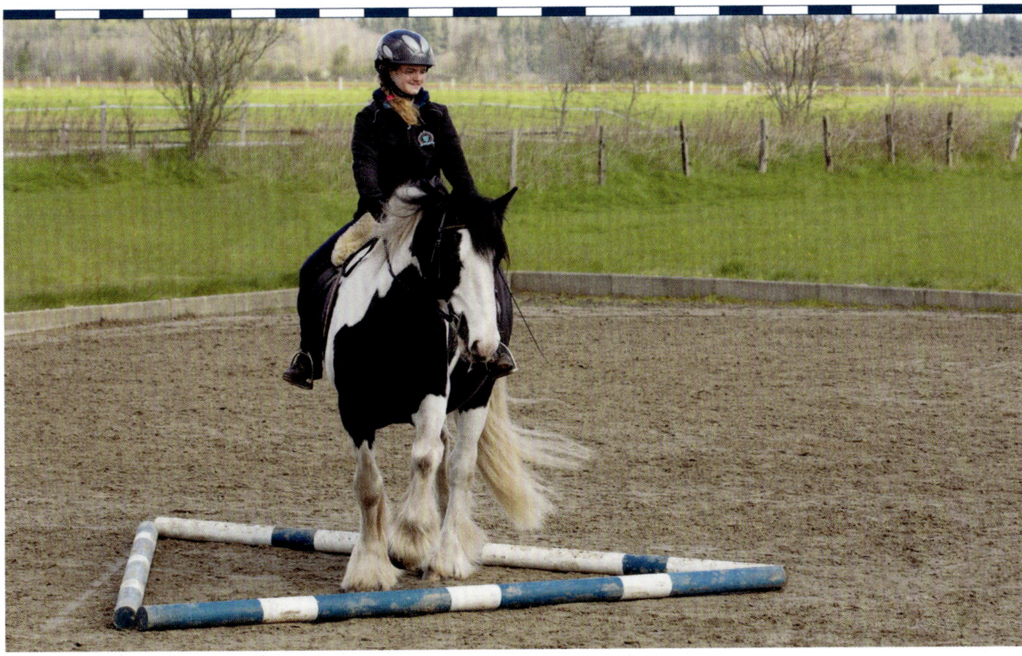

Der Reiter passt in der Bewegung über den Stangen seine Schultern den Pferdeschultern an. So wird dem Tinkerwallach Guiness der Weg noch klarer. Deutlich die Biegung mit dem angehobenen Vorderbein. (Foto: Julia Moll)

Sinn der Übung

Im Unterschied zum Quadrat in der vorangehenden Übung bewegt sich das Pferd diesmal fortwährend auf einer gebogenen Linie. Das vermehrte Biegen in der Wendung soll die **Koordination von Longenführer und Reiter** verbessern. Die Anforderungen an den Menschen sind höher, da er sich gut und schnell koordinieren muss. Für das Pferd ist diese Übung leichter, weil die Radien und Wege in diesem Ablauf größer sind. Das ist insgesamt weniger anstrengend.

Gangarten

Diese Übung besteht aus vielen kleinen Volten, die über Stangen führen. Sie sollte daher sowohl an der Hand wie unterm Reiter möglichst nur in Schritt und Trab ausgeführt werden.

Tipp

Die Übung sollte geführt am Halfter vorbereitet werden, um das Pferd mit Ablauf und Aufbau der Übung vertraut zu machen. In der Übung selbst empfiehlt sich ein Kappzaum. Voraussetzung ist allerdings, dass das Pferd dem Longenführer stets aufmerksam folgt und auch so geschult und leicht am Kappzaum zu handhaben ist. Wenn es reißt, zieht oder versucht wegzulaufen, ist die Kommunikation am Kappzaum noch nicht ausreichend gefestigt. Beginnen Sie dann noch einmal bei der Basisübung.

8 Übung

Mikado

Was benötige ich dafür?

- 4 Stangen mit mindestens 3 Metern Länge

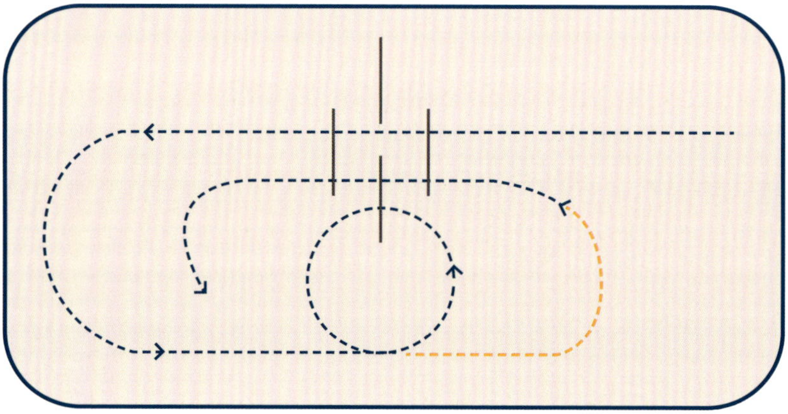

So geht die Übung

Legen Sie die beiden Stangen a und b in gleich großen Abständen auf der Mittellinie zwischen den Bahnpunkten E und B. Die Stangen c und d bilden links von der Mittellinie eine Gasse. Der Abstand beträgt jeweils 90 Zentimeter. Lassen Sie Ihr Pferd in jeder Ecke der Bahn eine Volte machen (wie in Übung 1).

1. Longieren Sie Ihr Pferd in der rechten Bahnhälfte außerhalb der Stangen auf einem Zirkel und führen Sie es dann entlang der Bande von Bahnpunkt C nach A.
2. An Bahnpunkt A wenden Sie ab und gehen durch die Länge der Bahn nach C, und zwar so, dass Ihr Pferd die Stangen C und D mittig überquert.
3. Bei C wenden Sie erneut ab und führen das Pferd bis Bahnpunkt E. Bleiben Sie dort stehen und schicken Sie das Pferd in einem Ovalkreis über die drei Stangen b, c und d.
4. Nun verkürzen Sie die Longe und lassen Ihr Pferd eine kleine Volte über Stange B gehen. Damit kontrollieren Sie, ob das Pferd auf die Schulter fällt.

Gangarten

Nur Schritt und Trab, sowohl mit als auch ohne Reiter.

Problem
Mein Pferd driftet beim Gehen über drei Stangen nach innen oder außen.

Lösung
Das liegt am Longenführer, weil ihm selbst das Taxieren noch schwerfällt. Üben Sie, mit Ihrem Pferd im Schritt im Gleichmaß zu bleiben. Notfalls brechen Sie die gesamte Übung ab und gehen zum Doppel-T (Übung 4) zurück.

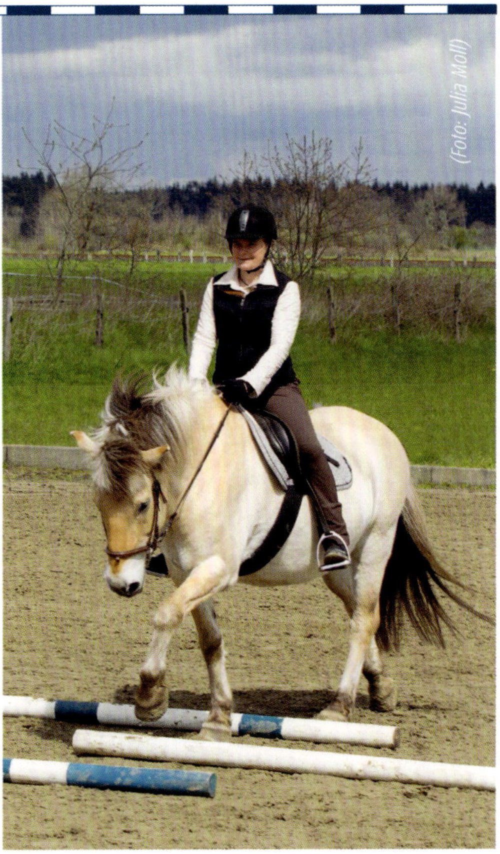
(Foto: Julia Moll)

Wenn es das tut, gehen Sie noch einmal zu Schritt 3 zurück. Wenn alles klappt, setzen Sie die Übung fort.

5. Gehen Sie nun ganze Bahn bis Bahnpunkt B. Dort wiederholen Sie spiegelbildlich die Schritte 4 und 5.

6. Anschließend führen Sie das Pferd wieder auf den Zirkel der rechten Bahnhälfte und wechseln die Hand. Wiederholen Sie den Übungsablauf nun in der neuen Richtung.

Sinn der Übung

Diese Übung ist anspruchsvoll, da sich Kreis- und Ovalformen abwechseln. Sie **gymnastiziert** das Pferd, schult seine **Wendigkeit** und bietet ihm zudem einen hohen **Spaßfaktor**.

Allerdings **fordert** sie besonders den **Longenführer**: Er muss schnell reagieren und geschickt mit der Longe umgehen können. Das verbessert seine Koordinationsfähigkeit, etwas, wovon Sie auch als Reiter profitieren.

9 Übung

Raute

Was benötige ich dafür?

- 4 Stangen à 3 Meter Länge Minimum
- eventuell 4 Markierungen

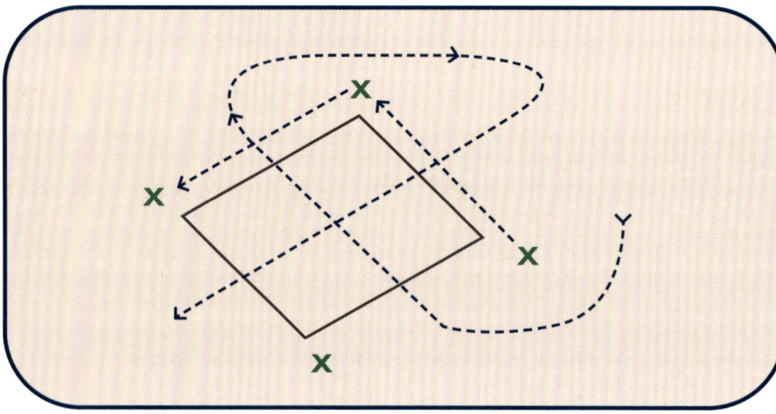

So geht die Übung

Beginnen Sie wieder mit Volten in allen vier Ecken der Bahn.

1. Starten Sie dann bei Bahnpunkt A Richtung K. Dort leiten Sie eine Volte ein und führen das Pferd diagonal durch die Bahn zu Punkt M.
2. Bevor Sie M erreichen – spätestens aber, wenn Ihr Pferd mit dem letzten Hinterbein aus der Raute heraustritt –, verringern Sie das Tempo und leiten eine Wendung Richtung Bahnpunkt F ein.
3. Zwischen B und F wenden Sie erneut ab und führen Ihr Pferd diagonal durch die Bahn nach H.
4. Dort nach C rechts abwenden, bis M weiterreiten.
5. Bei M gehen Sie diagonal durch die Bahn Richtung K.
6. Wenn das Pferd mit dem letzten Hinterbein aus der Raute heraus ist, wenden Sie rechts zwischen K und E ab.
7. Vor H erneut nach rechts, diagonal nach F.
8. Dort reiten Sie nach A und K.
9. Bei K beginnen Sie den Übungsablauf erneut, diesmal jedoch biegen Sie auf der anderen Hand bei M ab.
10. Wenn Sie das Pattern vollendet haben, hat sich Ihr Pferd eine Pause verdient: Gehen Sie mit ihm eine oder zwei Runden entspannt ganze Bahn.

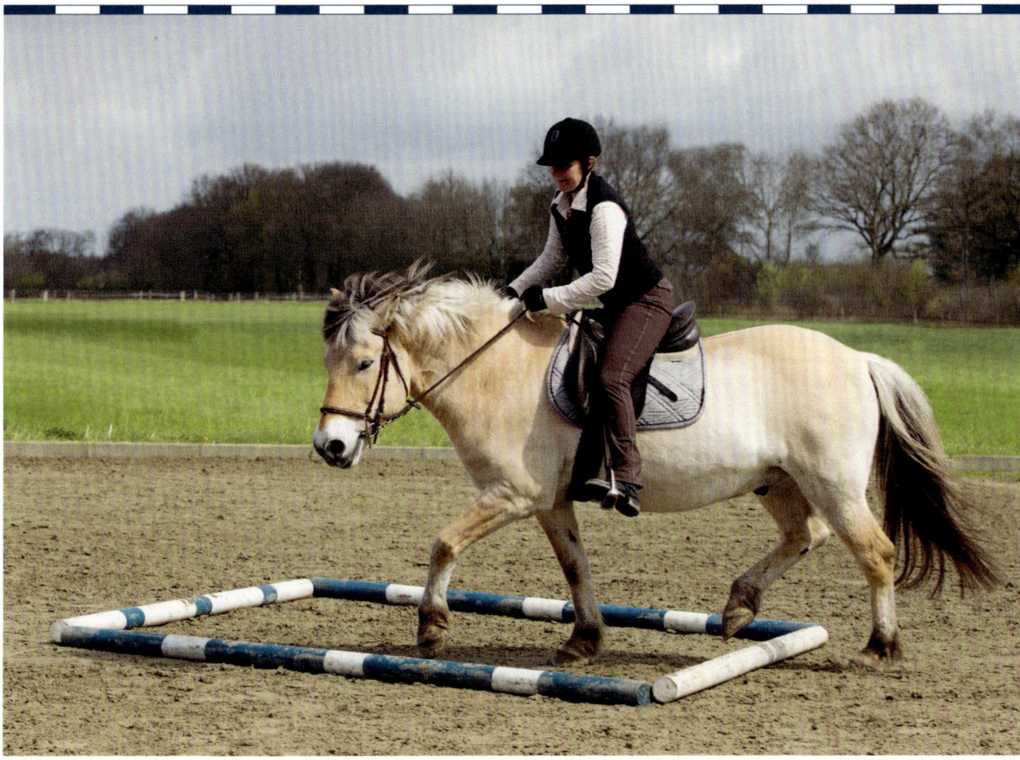

Die Raute hat eine flache und eine steile Spitze. Hier geht Ole mit einem Zwischenschritt über die steile Spitze. Dabei wird die Schulter freier. (Foto: Julia Moll)

Sinn der Übung

Diese Übung ist optimal, um festzustellen, wie es um die **Schulterfreiheit** des Pferds bestellt ist, und diese zu trainieren. Sie bietet **lange, gerade Strecken**, auf denen das Pferd die Tritte weiter fassen oder schneller gehen kann. Gleichzeitig ist sie wegen der vielen eingebauten Zirkel und Volten fürs Pferd **abwechslungsreich**. Zudem erfordert sie von **Longenführer und Pferd** einiges an **Koordination**. Für ihn ist es sogar die anspruchsvollste Übung in der gesamten Reihe.

Gangarten

Am Boden und im Sattel nur im Schritt und Trab.

Tipp

Je flacher die Raute ist, desto schwieriger wird es für Longenführer und Pferd, die Abstände einzuschätzen. Üben Sie daher anfangs mit einer Raute, die wie ein auf die Spitze gestelltes Quadrat aussieht. Für Ihre eigene Sicherheit können Sie die Übung alleine zu Fuß ablaufen.

9a Variante

Raute

Was benötige ich dafür?

- 4 gleich lange Stangen
- 4 Markierungen

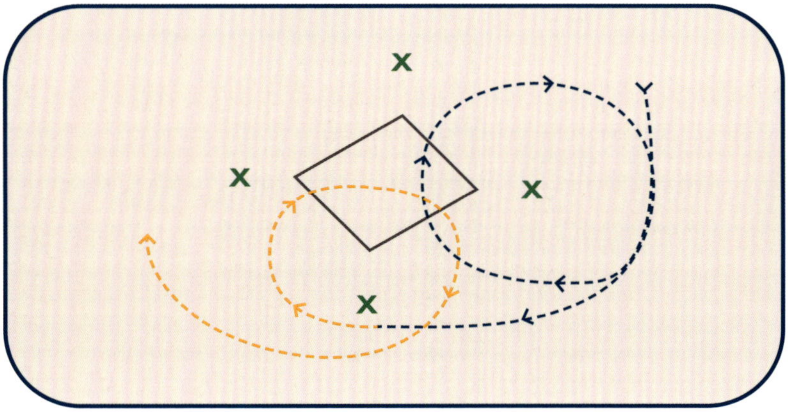

So geht die Übung

Den nächsten Ablauf, eine Variante, können Sie nach einer Pause direkt an die vorangehende Übung anschließen oder auch solo reiten. Die Voraussetzung dafür ist, dass das Pferd in Gleichmaß und Balance geht.

1. Reiten Sie von K nach E, dort machen Sie eine Volte über die obere Ecke der Raute.
2. Nun reiten Sie in einem frei angelegten Bogen zur nächsten Rautenecke und beginnen auf der Höhe von C mit einer neuen Volte.
3. Wiederholen Sie dies bei den nächsten beiden Ecken.
4. Dann gehen Sie ganze Bahn, wechseln die Hand und reiten die Übung in der neuen Bewegungsrichtung noch einmal.

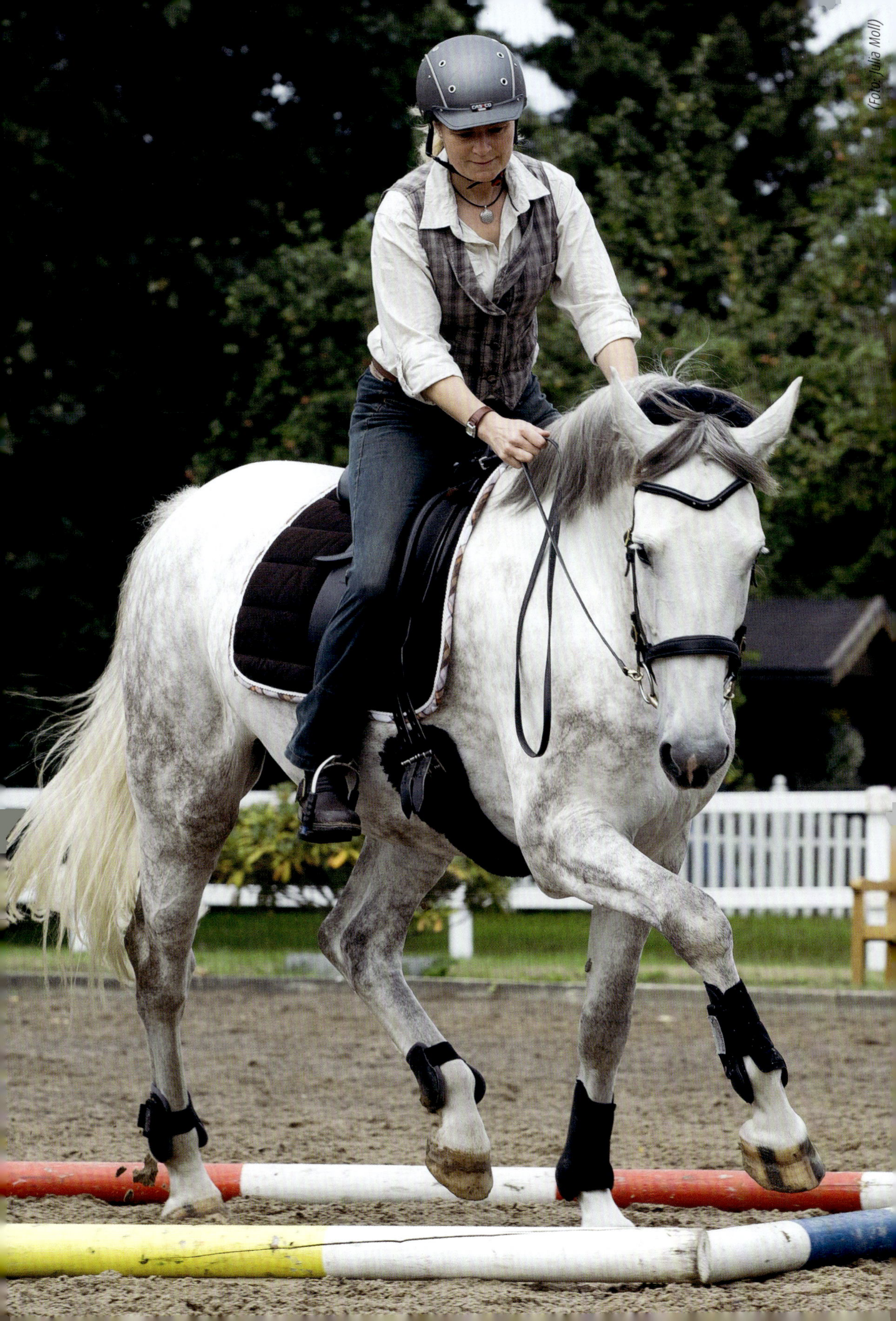
(Foto: Julia Moll)

10 Übung

Hütchenspiele

Was benötige ich dafür?

- 4 Hütchen oder Ähnliches

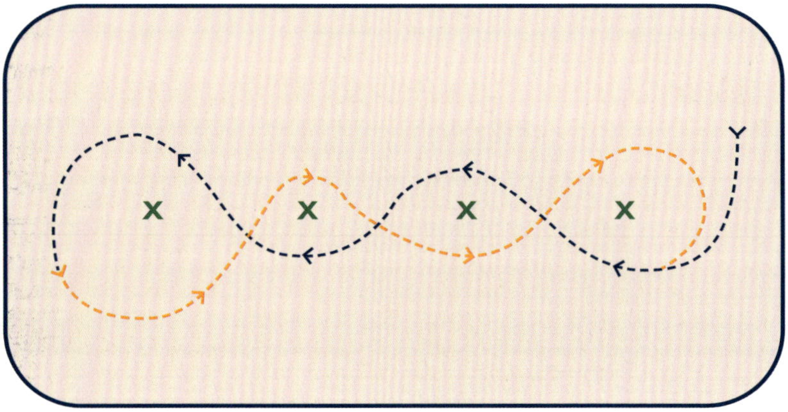

So geht die Übung

Bauen Sie die Hütchen entlang der Mittellinie auf: Das erste positionieren Sie auf Höhe von Bahnpunkt K, alle weiteren folgen etwa im Abstand von 5 Metern, bei Kleinpferden und Ponys können Sie die Abstände entsprechend verringern.

Tipp

Auf diese Art können Sie auch den Schwierigkeitsgrad der Übung variieren. Je weiter die Abstände zwischen den Hütchen, umso weniger muss sich das Pferd bei jedem Bogen darumbiegen; je kürzer, desto stärker ist die Biegung.

Tipp

Was in dieser Übung im Schritt nicht gelingt, wird auch im Trab nicht klappen. Sollte das der Fall sein, gönnen Sie Ihrem Pferd eine Pause oder gehen Sie eine Übung zurück. Funktioniert das auch nicht, beenden Sie das Programm für diesmal und starten Sie lieber am folgenden Tag noch einmal frisch durch.

1. Wie in der vorigen Übung beginnen Sie wieder mit kleinen Volten in jeder Ecke.

2. Biegen Sie bei Bahnpunkt A ab und durch die Länge der Bahn flach um die Hütchen herum. Wichtig dabei: Biegen Sie das Pferd nicht um die Pylonen herum, sondern stellen Sie es um! So geht es richtig: Wenn Sie am ersten Hütchen vorbei sind, drehen Sie den Oberkörper in die Richtung, in die Sie reiten möchten.

Sinn der Übung

Diese Übung fördert **Beweglichkeit und Geschick von Mensch und Pferd**.

Für die Hütchenspiele gibt es unzählige Variationen. Lassen Sie Ihrer Kreativität freien Lauf. Für den Anfang stellen wir Ihnen eine einfache Spielart der Grundübung auf der nächsten Doppelseite vor sowie zwei Varianten für fortgeschrittene Reiter.

Gangarten

Dies ist eine gerittene Übung für Schritt und Trab. Sie können Sie sowohl ganz mit und ohne Sattel, mit Fellsattel, mit und ohne Gebiss sowie mit Halsring reiten.

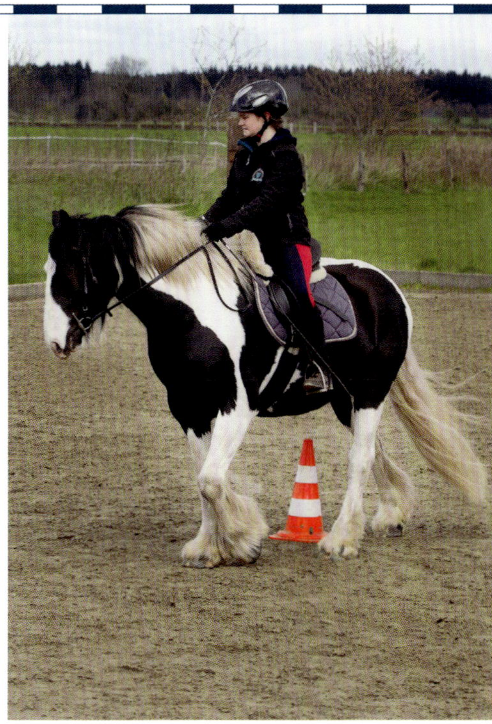

Hütchen bringen schnelle Handwechsel in den Ablauf. Dabei ist es wichtig, dass das Pferd nicht umgebogen, sondern umgestellt wird. Flaches Umrunden ist dabei hilfreich. (Foto: Julia Moll)

Dabei führen Sie die jeweils innere Hand leicht seitlich, ohne am Zügel zu ziehen, der sonst am Pferdehals anliegt. Diese leichte Unterbrechung des Kontakts zwischen Zügel und Hals reicht schon, um dem Pferd den neuen Weg zu weisen. Ob es funktioniert, zeigt der Mähnenkamm: Er klappt dann nämlich im selben Moment zur neuen inneren Seite.

3. Beim letzten Hütchen reiten Sie einen großen Bogen. Wenn Sie sich auf halber Strecke zwischen den Bahnpunkten E und H befinden, nehmen Sie mehr Kontakt am inneren Schenkel und am äußeren Zügel auf. Dadurch aktivieren Sie das innere Hinterbein des Pferds, das so stärker unter seinen Schwerpunkt tritt. Zudem dehnt sich so seine äußere Schulter und macht sie freier.

4. Wiederholen Sie diesen Parcours dreimal. Danach geben Sie Ihrem Pferd einen Break, lassen die Zügel aus der Hand kauen und gehen im zügigen Schritt eine Runde ganze Bahn. Solche Pausen benötigen Pferde aus zweierlei Gründen: Zum einen erholen sie sich dadurch körperlich, zum anderen speichern sie so das Erlebte ab – ohne Pause kein Lerneffekt.

5. Wechseln Sie die Hand und wiederholen Sie Schritte 1 bis 4.

10a Varianten

Volten zur Wand

Was benötige ich dafür?

- 4 Hütchen oder Ähnliches

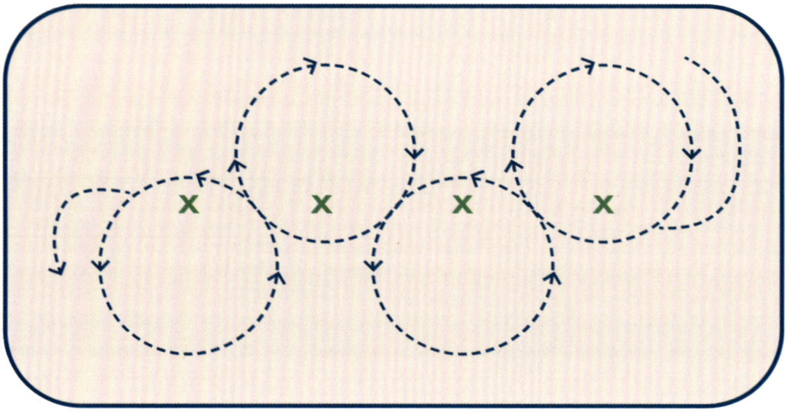

So geht die Übung

Der Aufbau der Hütchen bleibt unverändert; auch hier beginnen Sie mit einer Volte in jeder der vier Ecken. Startpunkt für den eigentlichen Übungsablauf ist wieder Bahnpunkt A.

1. Umrunden Sie das erste Hütchen in einem flachen Bogen und reiten Sie diesen dann auf der linken Hand zu einer großen Volte bis an die Bande aus.

2. Umrunden Sie das erste Hütchen erneut; auf dessen Höhe geben Sie die Biegung bereits wieder auf; auf dem halben Weg zur nächsten Pylone stellen Sie das Pferd um und reiten einen großen Bogen bis zur Bande.

3. Wiederholen Sie die Schritte 1 und 2 bei den beiden folgenden Pylonen.

4. Nach der letzten großen Volte darf sich Ihr Pferd am langen Zügel dehnen und bei einer Schrittrunde um die ganze Bahn erholen, bevor Sie den Übungsablauf auf der anderen Hand wiederholen.

b) Zirkeln im Seitengang

So geht die Übung

1. Nachdem Sie die Bahn mit vier Volten in den Ecken umrundet haben, gehen Sie bei Bahnpunkt A mit dem Pferd ins Kruppeherein.
2. Umrunden Sie das Hütchen halb und bleiben Sie bis auf der Höhe von Bahnpunkt X im Travers.
3. Dort lösen Sie das Travers auf und stellen das Pferd auf die andere Hand ins Kruppeherein um.
4. Umrunden Sie das dritte Hütchen und bleiben Sie bis auf die Höhe von Bahnpunkt H im Travers; dort wieder auflösen und umstellen auf die andere Hand. Diese Übung können Sie selbstverständlich auch im Renvers oder im Wechsel zwischen Travers und Renvers reiten.

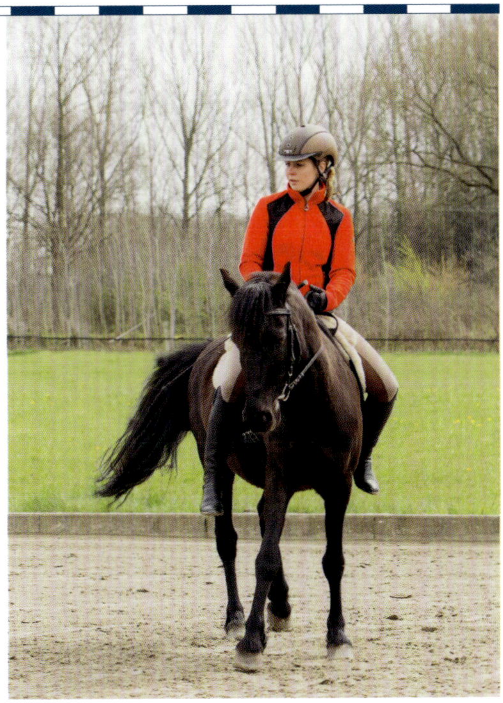

Die Hütchen geben ein gutes Ziel zum Anvisieren für die Traversalen. (Fotos: Julia Moll)

c) auf dem Weg zur Galopp-Pirouette

So geht die Übung

1. Wiederholen Sie die Schritte 1 bis 3 der Grundübung im Trab.
2. Laden Sie das Pferd kurz vor der Biegung ins Travers ein und animieren Sie es zu zwei, drei Galoppsprüngen. Danach machen Sie sofort im Schritt weiter und lösen das Travers wieder auf.
3. Wechseln Sie nun diagonal durch die Bahn und wiederholen Sie die vorherigen Schritte auf der neuen Hand.
4. Vergessen Sie nicht die Pausen fürs Pferd!

Durch die Fixierung des inneren Hinterbeins in der Wendung kann man spielerisch ein paar Sprünge Galopp abfragen und so das Pferd zu mehr motivieren.

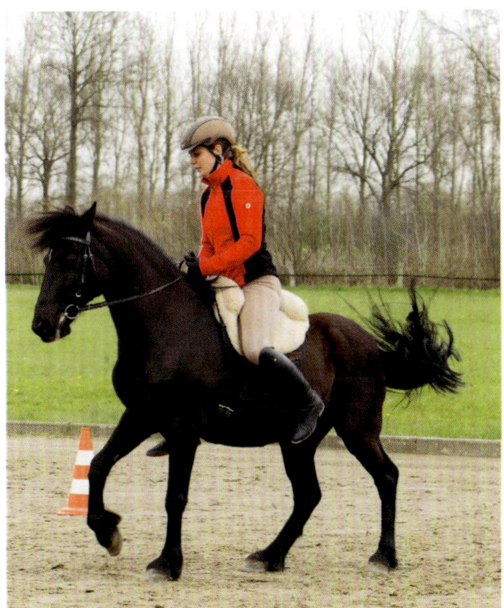

11 Übung

Sanduhr

Was benötige ich dafür?

- 2 Hütchen

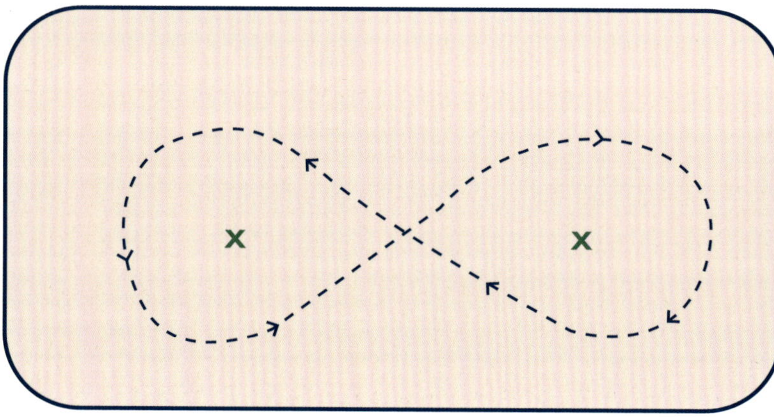

So geht die Übung

Markieren Sie mit den beiden Hütchen auf den beiden Hälften des Dressurvierecks den jeweiligen Mittelpunkt eines großen Zirkels.

1. Starten Sie nach den vier Volten in den Bahnecken bei Bahnpunkt A und reiten Sie einen Viertelkreis zu F.
2. Von F reiten Sie diagonal zu H. Stellen Sie Ihr Pferd bei X um.
3. Bei H angekommen, machen Sie eine halbe Volte zu M.
4. Von M aus geht es nun wieder diagonal durch die Bahn bis zum gegenüberliegenden Punkt K. Nicht vergessen, bei X das Pferd erneut umzustellen.

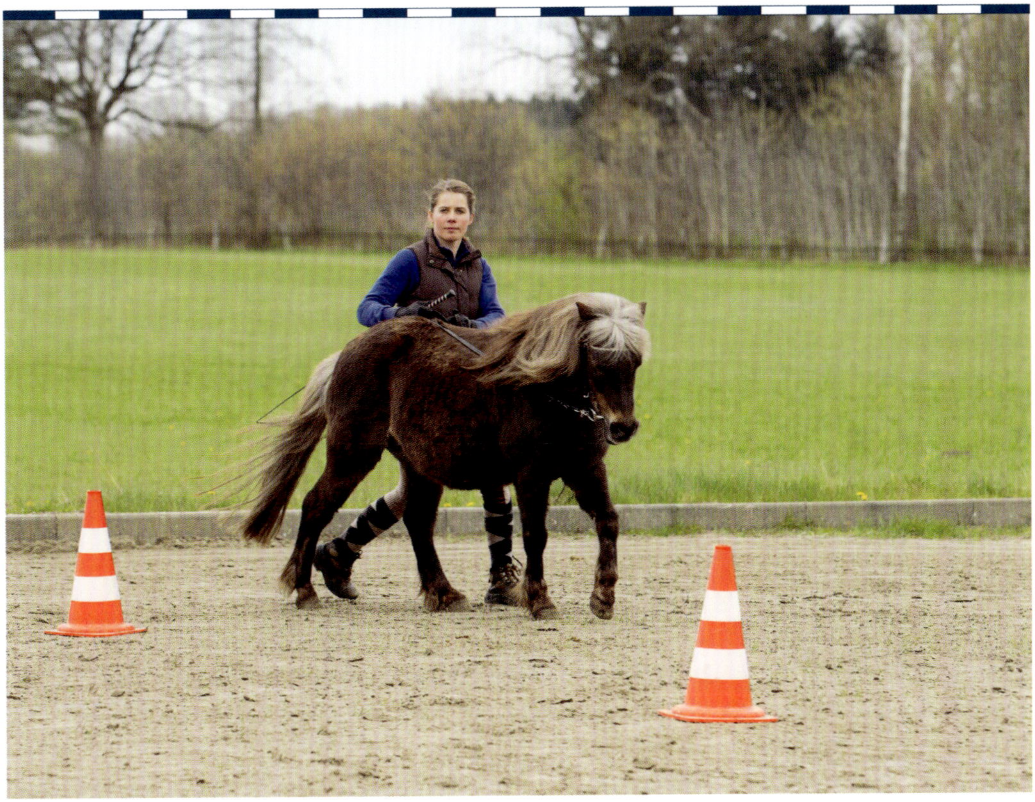

Die Sanduhr ist auch am Langzügel ein gutes Thema. Harmonisch im Gleichschritt und mit dem Blick voraus. (Foto: Julia Moll)

Sinn der Übung

Die Sanduhr wirkt von außen betrachtet unspektakulär, ist tatsächlich reiterlich jedoch überaus anspruchsvoll. Die Übung soll helfen, die **äußeren Hilfen des Reiters abzusichern** und seinem Pferd die Richtung nach innen anzuleiten.

Ziel: Das innere Hinterbein des Pferds soll noch weiter unter seinen Schwerpunkt treten.

Gangarten

Schritt und Trab, für fortgeschrittene Reiter und Pferde auch Galopp.

12 Übung

Haus vom Nikolaus

Was benötige ich dafür?

- 6 Stangen à 3 bis 3,50 Meter Länge
- 3 Hütchen oder ähnliche Markierungen

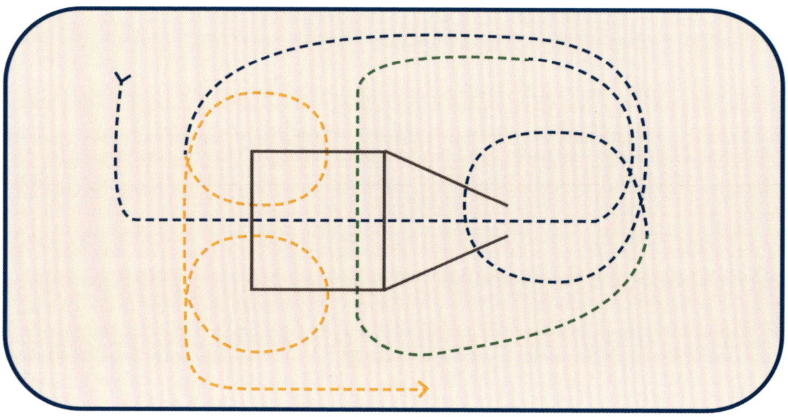

Ich liebe das „Haus vom Nikolaus“: es ist mein Spaßmodul. Vor Jahren unterrichtete ich eine Kinder- und Jugendgruppe. Bei einer Springstunde war ich es mal wieder leid, die Hindernisstangen hintereinanderzulegen. Das fand ich damals schon nicht sehr nützlich. Die Pferde hechten irgendwann nur noch drüber; und wenn man unterschiedlich große Pferde und Ponys hat – wie das bei Kinder- und Jugendgruppen meistens der Fall ist –, kann man so eigentlich gar nicht vernünftig arbeiten. Kurzum: Diesmal sollten die Kinder die Stangen einfach mal anders legen, egal, ob das so in den offiziellen Richtlinien stand oder nicht. Und da war es, zum ersten Mal kreativ gelegt, noch mit dem Kreuz in der Mitte. Da die Stangen auf dem unebenen Boden wippten, nahm ich sie heraus. Das war die Geburtsstunde des Haus vom Nikolaus. Von dann an tüftelte ich jahrelang an den Abläufen und den besten Wegen für Stangenangsthasen und Revolutionäre (sowohl Menschen und Pferde) herum. Das Haus vom Nikolaus ist seitdem für mich so etwas wie ein Allheilmittel geworden: Schnelle Pferde werden ruhiger, phlegmatische fleißiger. Es eignet sich für die Bodenarbeit ebenso wie für das Dressurtraining unterm Sattel und sogar fürs Springen. Ich bin immer wieder begeistert, wie vielfältig diese Übung ist und wie positiv sie sich auf Pferd und Mensch auswirkt.

Ein Blick auf die Skizze zeigt, dass das Haus vom Nikolaus alle vorherigen Abläufe in sich vereint. Sie bauen alle aufeinander auf, können aber auch

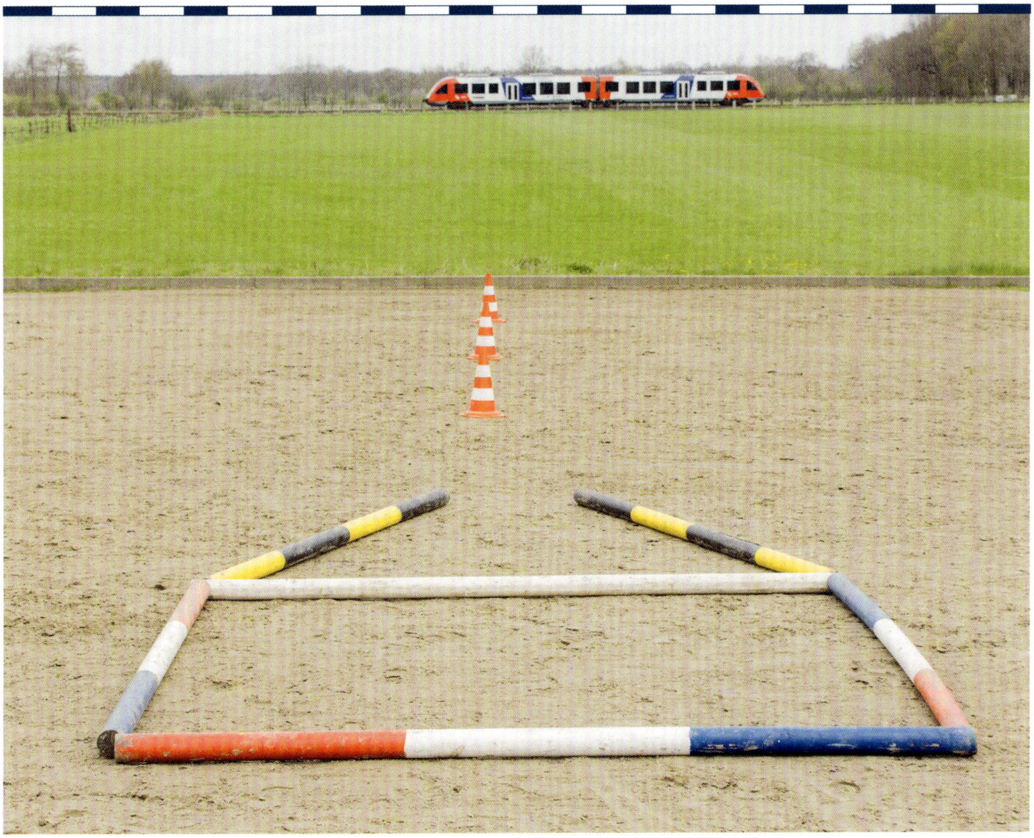

Das Haus vom Nikolaus mit dem Rauch aus dem Kamin. (Foto: Julia Moll)

einzeln genutzt werden; nicht immer müssen alle Stangen auch tatsächlich gelegt werden. Arbeiten gleich mehrere Reiter mit dem Haus, kann man sich verabreden, um es zusammen aufzubauen und zu nutzen. Das erhöht den Spaßfaktor, sich dabei auszutauschen und gemeinsam zu arbeiten.

Dabei ist anfangs eine fachliche Unterstützung dabei sinnvoll, da viele Abläufe kontrolliert durchlaufen oder durchritten werden müssen, um zum erwünschten Erfolg und dem Gefühl von Gleichklang zu führen. Letzteres gibt schon ein wenig Einblick in die hohen Lektionen wie etwa Passage. Kennt man diese Bewegungen nämlich nicht, können diese Lektionen später falsch interpretiert werden.

Gangarten

Anfangs nur Schritt; wenn die Abläufe sicherer sind, können Sie das Haus vom Nikolaus auch im Trab reiten.

12 Übung

Sinn der Übung

Wenn Ihr Pferd das Haus vom Nikolaus souverän beherrscht, geht es in **Balance und Versammlung**. Neben diesem gymnastisch-reiterlichen Aspekt bietet die Übung Pferd und Reiter viel Abwechslung, da sie sehr variabel ausgelegt werden kann und leicht erweiterbar ist (siehe Übung 13). Damit die Übung gelingt, müssen die Reihenfolgen der Übungsabläufe eingehalten werden. Gelingen bedeutet in diesem Fall, **Vertrauen** herzustellen, **Pferd und Reiter** in **Gleichgewicht** zu bringen und im **Gleichklang** schwingen zu lassen.

Die Stangen sind also **keine Hindernisse**, sondern **Hilfen für Tempo und Takt**. Das Pferd erkennt durch die Stangen die **Notwendigkeit, sich zu wenden**, und dem Reiter fällt es leichter, auf die Nikolaus-Reise zu gehen. Die **Wege geradeaus** werden mit **leichter Stellung** geritten; deshalb bleiben wir beim ersten Durchgang immer in einer Richtung. Der Reiter leitet das Pferd **bewusst in die Wendungen** hinein. Das bedeutet: **stellender Zügel innen, rahmender Zügel außen**. Der Oberkörper geht in Bewegungsrichtung und gibt den Weg schon vor. Wichtig ist, dass der Reiter die Volten gedanklich schon fertig hat, damit er die richtige, positive Absicht ans Pferd geben kann. **Es ist nicht sinnvoll sich vorzustellen, was nicht klappt**.

So geht die Übung

Legen Sie auf einer Bahnhälfte ein Viereck, das an den Ecken offen ist. Die Durchgänge sollten etwa 40 Zentimeter breit sein. Bauen Sie mit den übrigen zwei Stangen zur Bahnmitte hin das Dach des Hauses an. Auch hier sind die Spitze des Dachs sowie die Anschlüsse zum Viereck offen. Stellen Sie in der zweiten Bahnhälfte entlang der Mittellinie drei Hütchen in gleich großen Abständen auf.

Bevor es ans Eingemachte geht, bereiten Sie sich und Ihr Pferd zunächst aufs Haus vom Nikolaus vor. Nach den vier Volten in den Reitbahnecken, reiten Sie mit dem Pferd am verlängerten Zügel durch sämtliche Durchlässe des Hauses. Dabei lenken Sie möglichst nur durch Gewichtshilfen. So lernt das Pferd die Stangenfigur kennen. Sie können dabei auch die drei Hütchen auf der zweiten Bahnhälfte einbeziehen. Wie Sie um und durch die Stangen und Hütchen reiten, steht Ihnen völlig frei. Bauen Sie möglichst viele Handwechsel ein.

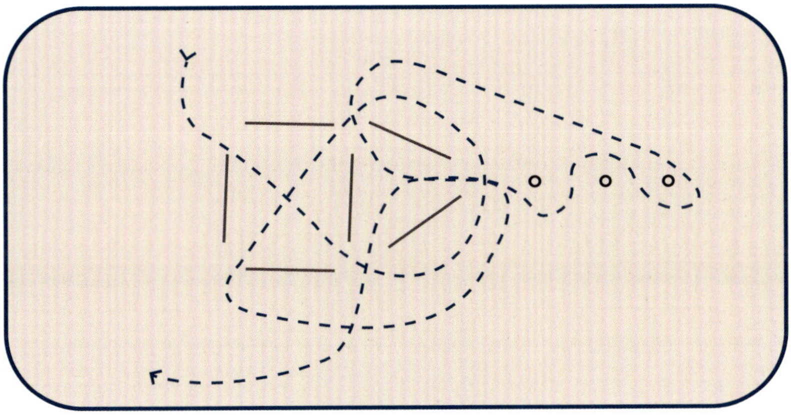

Haus vom Nikolaus (HvN)

Wichtig ist nur, dass Sie dabei vorausschauend denken und reiten. Dazu sollten Sie unbedingt einen inneren Plan haben. Das vermittelt dem Pferd die nötige Sicherheit für diese anspruchsvolle Übung.

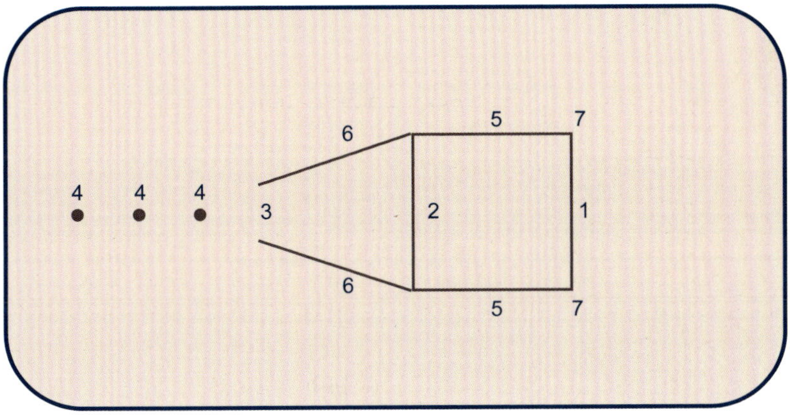

1. Regenrinne
2. Türschwelle
3. Kamin
4. Rauch
5. Seitenwände links und rechts
6. Dach links und rechts
7. Hausecken links und rechts

In späteren Ausbaustufen können weitere Elemente dazukommen:

- Obergeschoss
- Garage links oder rechts
- Grill

12 Übung

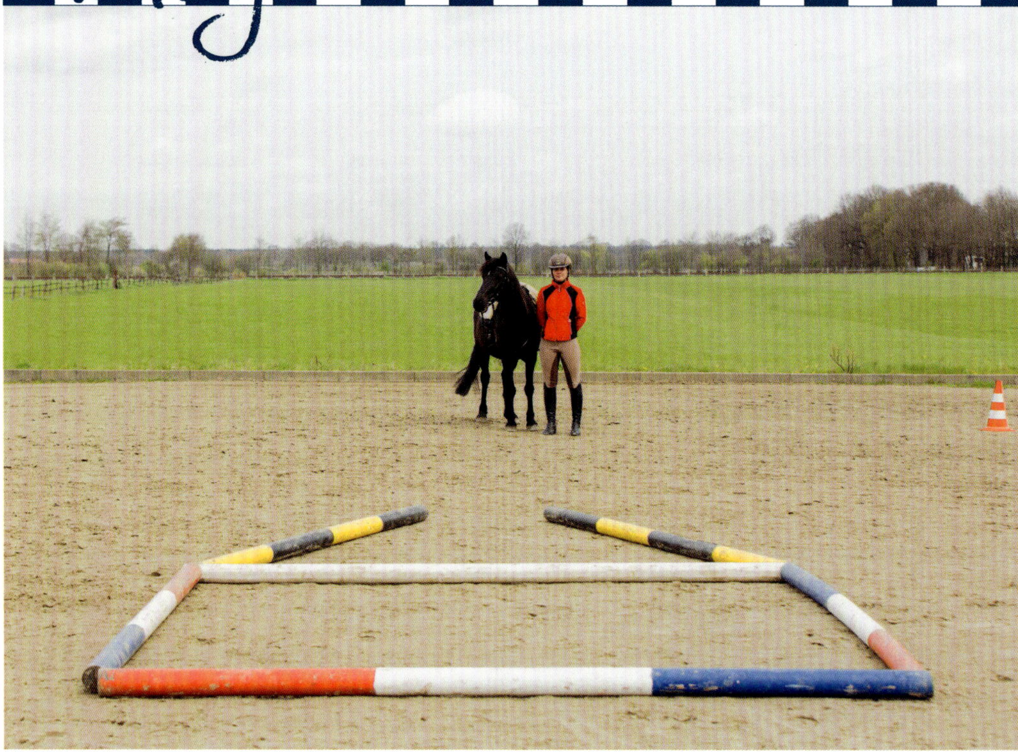

Hütchen zur Seite gestellt und fertig für den Start zum Haus vom Nikolaus (HvN). (Foto: Julia Moll)

So geht die Übung

Nachdem Sie sich und Ihr Pferd mit dem Haus vom Nikolaus vertraut gemacht haben, beginnen Sie mit der Grundübung: Vier Volten in den Ecken, Start an der Türschwelle.

1. Start ist mittig über die Türschwelle.
2. Weiter über die Regenrinne.
3. Raus aus dem Kamin und weiter linke Hand Richtung Seitenwände.
4. Mittig über die Seitenwände und weiter links Richtung Dach.
5. Es folgt eine große Volte über die Dachseiten – die Sonne auf das Dach.
6. Danach geht es wieder runter Richtung Hausecken.
7. Über beide untere Hausecken Volten.
8. Danach eine entspannte Runde ganze Bahn mit Zügel aus der Hand kauen lassen. Spiegelbildlich alles nach rechts.

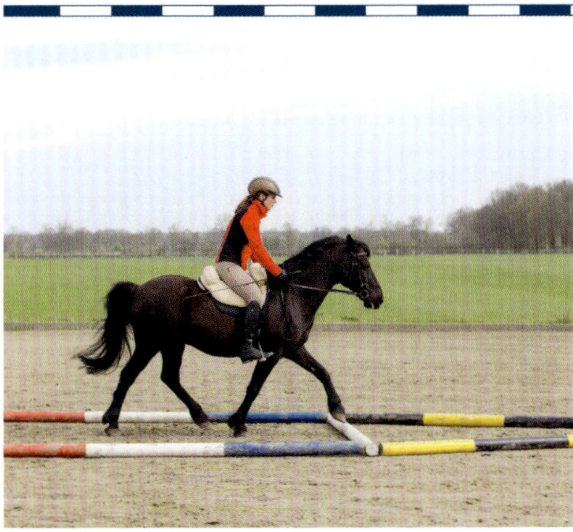

Türschwelle, Regenrinne, Kamin.

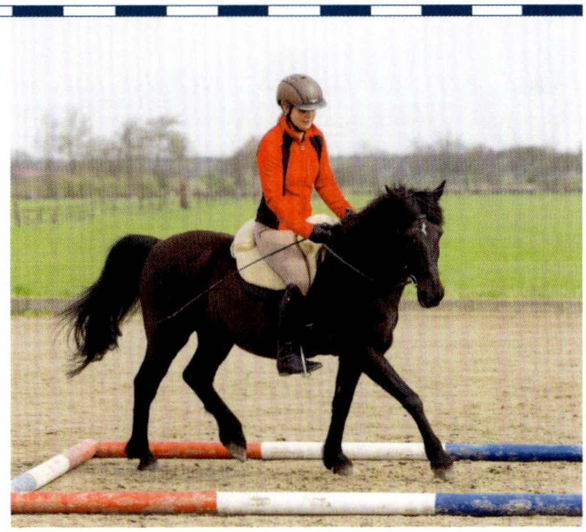

Beweglich über die Hausecke.

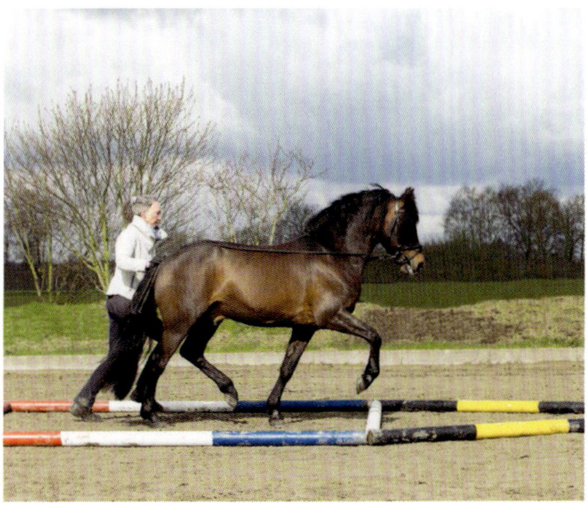

Auch in der Langzügel-Arbeit ist das HvN eine wertvolle Ergänzung. Saskia Gunzer mit Mescalino.

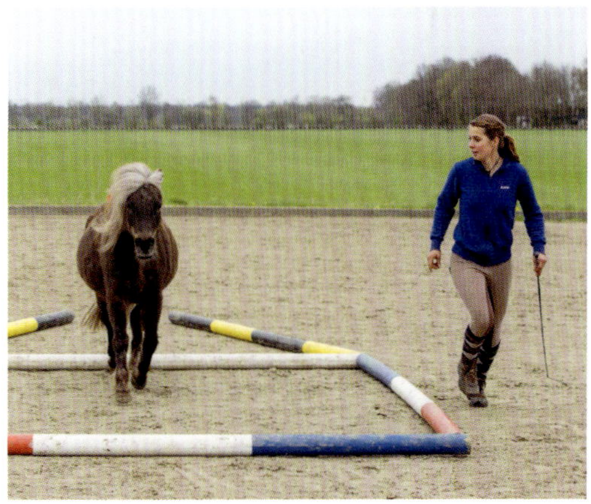

Freiarbeit mit Libelle hat Anna in eine gute Zusammenarbeit gebracht. Die Stangen motivieren und geben einen Plan.

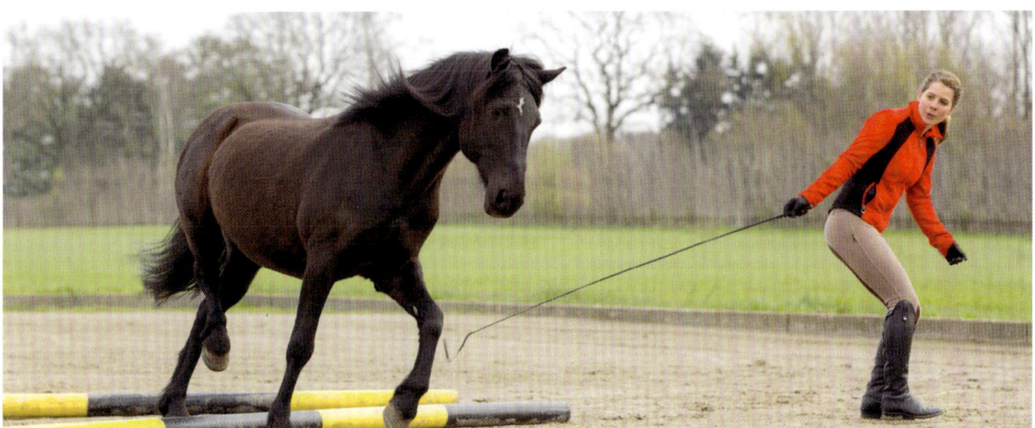

Anna und Bolero in der Freiarbeit über das Dach. Biegen leicht gemacht. (Fotos: Julia Moll)

12 Varianten

a) Haus vom Nikolaus mit Rauch

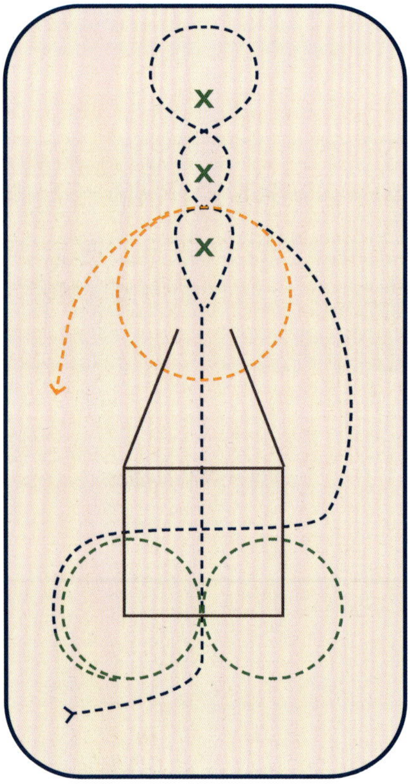

Was benötige ich dafür?

- 6 Stangen à 3 bis 3,50 Meter Länge
- 3 Hütchen oder ähnliche Markierungen

Vorübung für Variante 12a

Hier gibt es keine feste Übungssequenz. Umrunden Sie lediglich Pylonen in allen erdenklichen Kreisgrößen, im Slalom um ein Hütchen, um zwei, mit möglichst vielen Handwechseln. Lassen Sie das Pferd dabei am langen Zügel gehen und konzentrieren Sie sich auf Ihre Gewichtshilfen. Bein, Zügel und Stimme bleiben weg.

Und so geht es weiter:
Achtung: Bei dieser Übung legen Sie bitte alle Stangen so auf Stoß, dass sie sich an den Enden berühren. Lediglich zwischen den beiden Dachhälften bleibt eine etwa 40 Zentimeter breite Öffnung, der Kamin.

Übung 12a – Haus vom Nikolaus mit Rauch

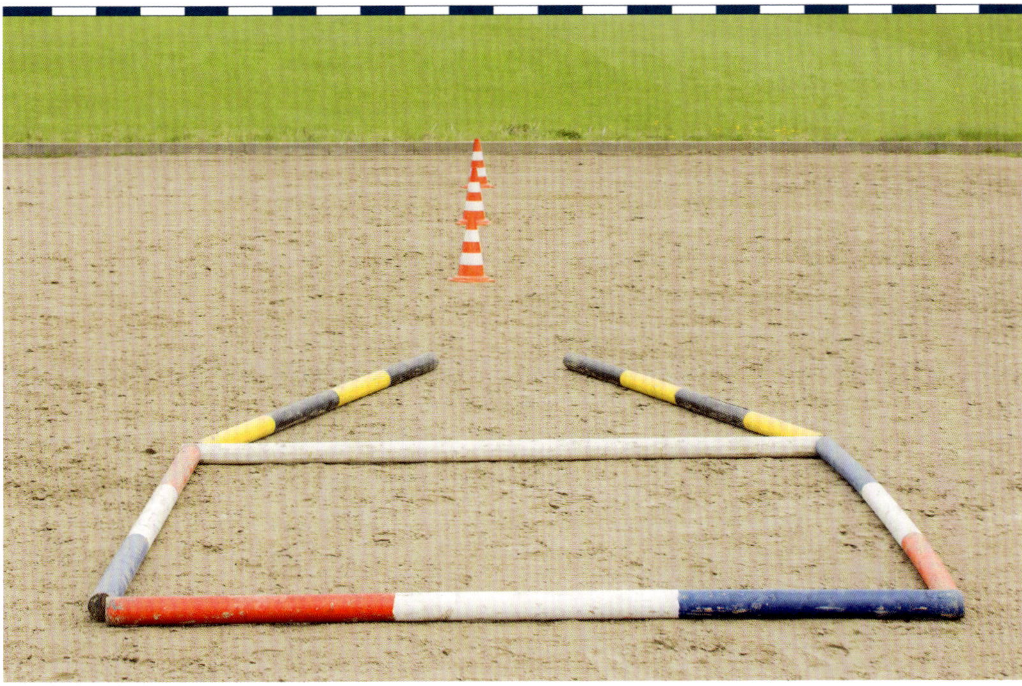

Das HvN mit Rauch. (Foto: Julia Moll)

1. Reiten Sie Schritt mit aufgenommenem Zügel mittig über die Türschwelle, dann über die Regenrinne und durch den Kamin aus dem Haus heraus.

2. Im Slalom um die Hütchen und am Ende des Slaloms eine große Volte und im Slalom wieder zurück Richtung Kamin.

3. Durch den Kamin über die Regenrinne Richtung Türschwelle (sowie der Nikolaus die Geschenke bringt).

4. Nach der Türschwelle eine große Acht über die Hausecken. Danach rauf zu den Seitenwänden.

5. Über die Seitenwände.

6. Links weiter zum Dach. Die große Sonne auf das Dach.

7. Nach der Sonne wieder runter zur Türschwelle und mit Zügel-aus-der-Hand-kauen-Lassen eine Pause auf der ganzen Bahn.

8. Wiederholen Sie die Übung anschließend auf der rechten Hand.

12 Varianten

b) Das Hochhaus vom Nikolaus

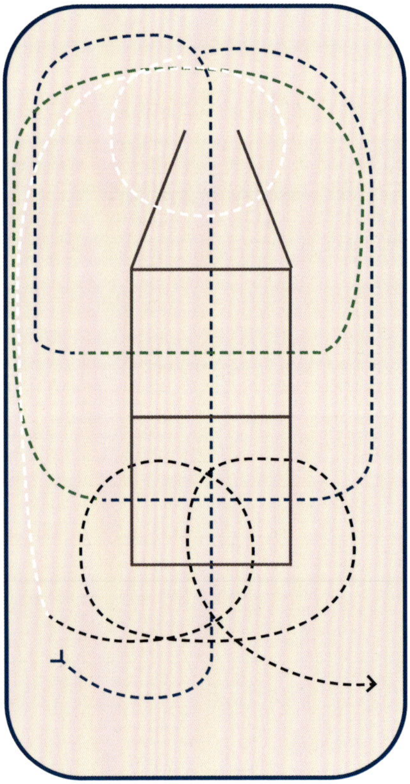

Was benötige ich dafür?

- 9 Stangen à 3 bis 3,50 Meter Länge
- 3 Hütchen oder ähnliche Markierungen

So geht die Übung

Offenbar laufen die Geschäfte des Nikolaus gut, denn er hat sein Haus um ein Stockwerk erweitert. Dafür benötigen Sie drei weitere Stangen. Orientieren Sie sich für den Aufbau an der Mittellinie zwischen den Bahnpunkten E und B. Das ist die virtuelle Trennlinie zwischen dem Erdgeschoss auf der linken Hälfte und dem ersten Stock nebst Dach auf der rechten Hälfte. Bis auf die Kaminöffnung im Dach liegen alle Stangen bündig. Der Rauch, also die drei Pylone, entfällt in dieser Übung.

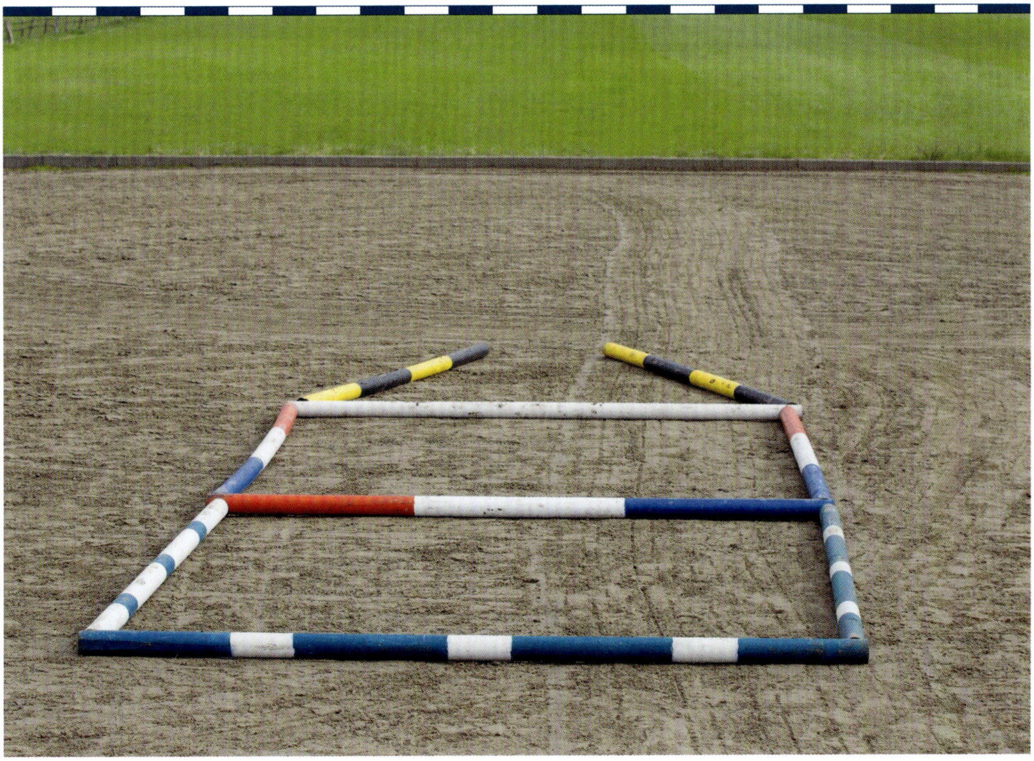

Das HvN als Hochhaus. (Foto: Julia Moll)

1. Start ist mittig über die Türschwelle.
2. Weiter über die Regenrinne.
3. Raus aus dem Kamin und weiter linke Hand Richtung Seitenwände.
4. Mittig über die Seitenwände des 1. Stockwerks und weiter links Richtung Dach.
5. Über das Dach hinweg wieder Richtung Seitenwände, jetzt über das Erdgeschoss. Danach wieder Richtung Dach und die Sonne auf das Dach.
6. Danach geht es wieder runter Richtung Hausecken.
7. Über beide untere Hausecken Volten.
8. Danach eine entspannte Runde ganze Bahn mit Zügel aus der Hand kauen lassen. Nach einer kleine Pause alles in die andere Richtung.

13 Übung

Haus vom Nikolaus mit Garage

Was benötige ich dafür?

- 9 Stangen

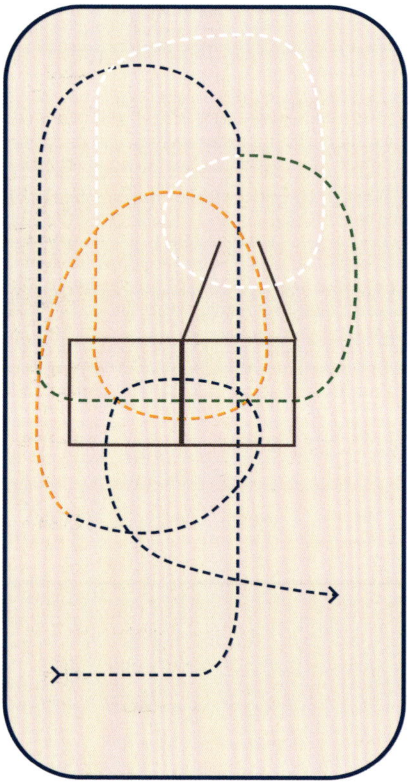

So geht die Übung

Grundaufbau ist das Haus vom Nikolaus. Bauen Sie nun mit drei Stangen direkt an die linke Wand ein weiteres Viereck an, die Garage.

1. Start über die Türschwelle, Regenrinne, Kamin.
2. Linke Hand aus dem Kamin Richtung Seitenwände.
3. Über die Seitenwände und den Garagenanbau, weiter links Richtung Dach.
4. Die Sonne auf das Dach (Volte über die Dachseiten).
5. Sie bleiben weiter auf der linken Hand und reiten direkt über das Flachdach der Garage, die Seitenwand des Hauses, die Regenrinne und die eine Hälfte des Daches hinweg. Danach links weiter Richtung Türschwelle.
6. Dort machen Sie eine Volte. Über Türschwelle Haus, Seitenwand Haus und Türschwelle Garage.
7. Auf die ganze Bahn gehen und Pause. Entweder Schritt gehen oder entspannt im Stehen wirken lassen.

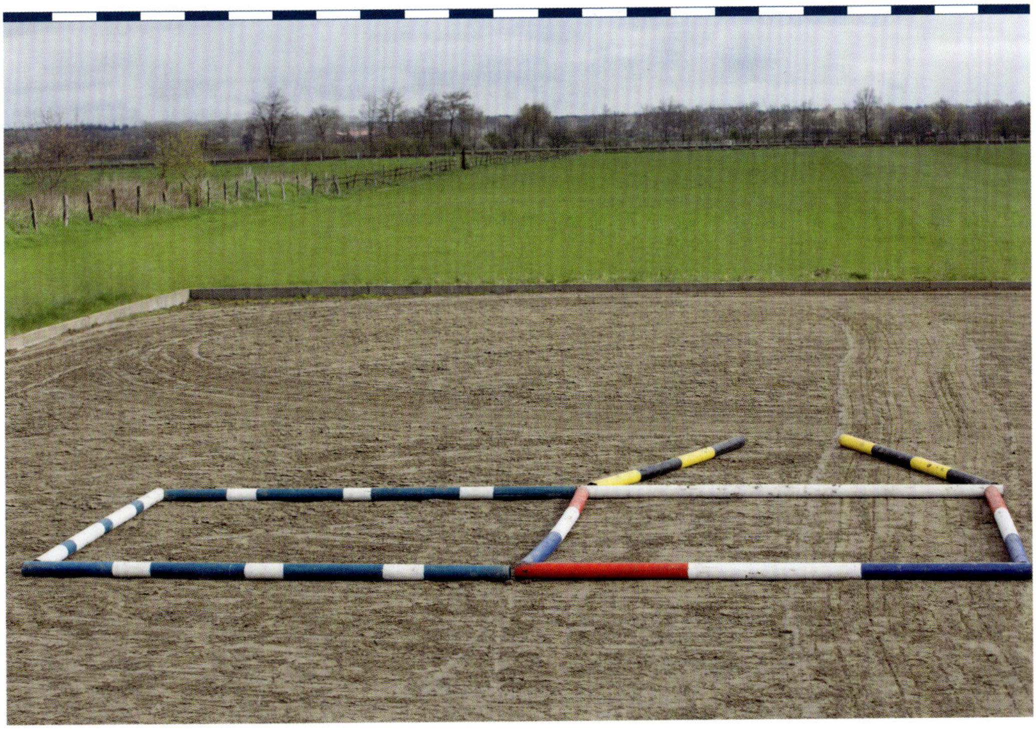

HvN mit Garage. (Foto: Julia Moll)

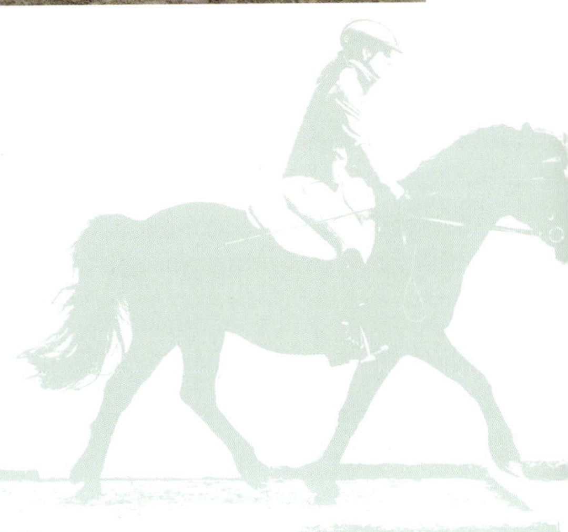

Gangarten

Schritt

14 Übung

Haus vom Nikolaus mit Grill

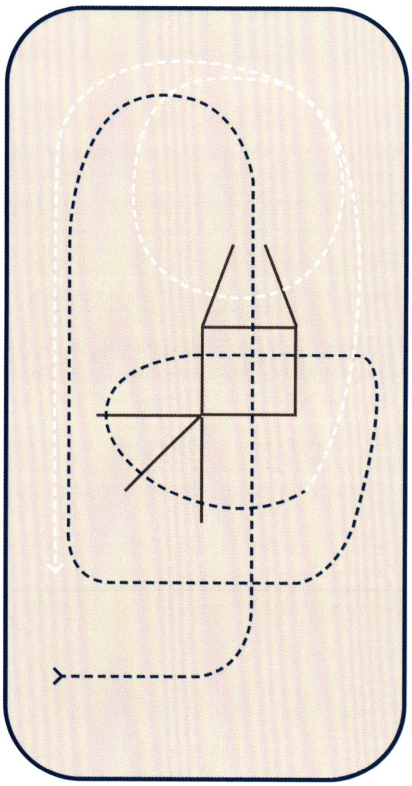

Gangarten

Schritt und Trab

Was benötige ich dafür?

- 9 Stangen

So geht die Übung

Bauen Sie das Haus vom Nikolaus so auf, dass die Dachrinne auf der Mittellinie zwischen den Bahnpunkten E und B liegt. Nun legen Sie jeweils eine Stange an der Unterseite der linken Außenwand und links an die Türschwelle an. In die Mitte dieses rechten Winkels legen Sie eine dritte Stange: Fertig ist der Grill.

1. Reiten Sie über die Türschwelle und geradeaus weiter über die Regenrinne und durch den Kamin.
2. Nachdem Sie mit dem Pferd komplett durch den Kamin geritten sind, wenden Sie in einem großen Bogen nach links ab.
3. An dem Grill vorbei, um das Haus herum und dann mittig über die Seitenwände und die drei Stangen des Grills. Weiter Richtung Dach.
4. Volte über das Dach, die Sonne auf das Dach.
5. Der Handwechsel erfolgt von unten über die Türschwelle, Regenrinne, den Kamin und dann rechte Hand weiter.
6. Über den Grill und die Seitenwände, rechte Hand um das Haus Richtung Dach und die Sonne auf das Dach. Pause.

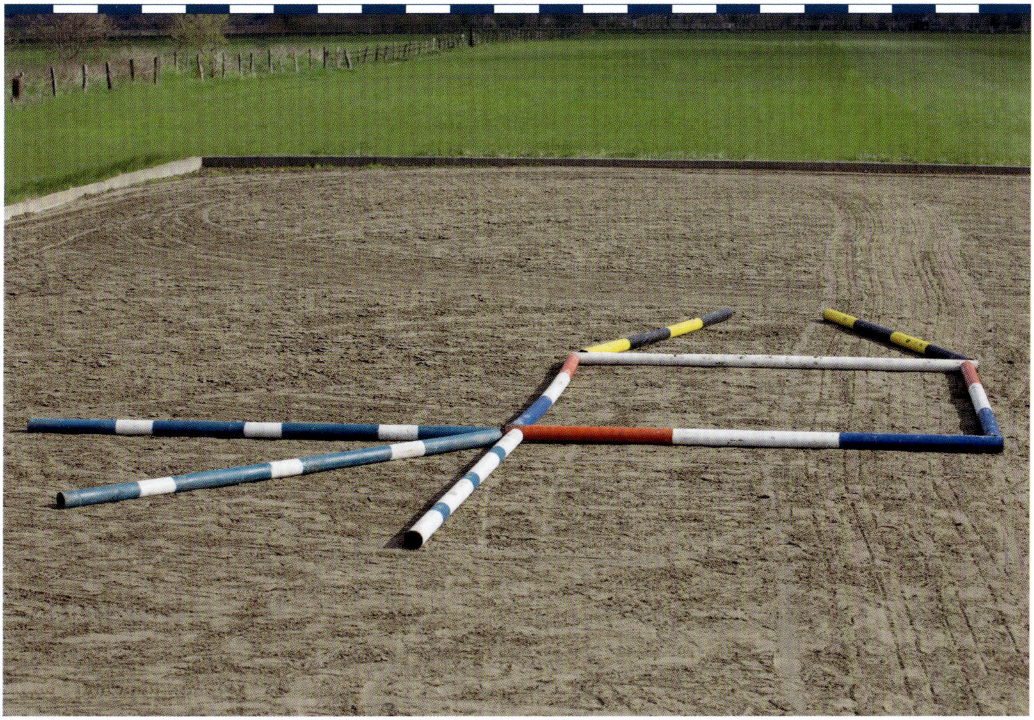

HvN mit Grill. (Foto: Julia Moll)

15 Übung

Haus vom Nikolaus im Überflug

Was benötige ich dafür?

- 6 Stangen à 3 bis 3,50 Meter Länge
- 4 Hindernisständer

So geht die Übung

Der Aufbau ist mit dem Haus vom Nikolaus völlig identisch. Allerdings werden die Stangen von Türschwelle und Regenrinne später auf Hindernisständern hochgelegt. Der Übungsablauf ist völlig identisch mit dem von Übung 12.

1. Beginnen Sie zunächst jedoch im Freilauf und testen Sie, ob Ihr Pferd Ihnen dabei folgt.
2. Klappt's? Dann probieren Sie das Ganze im Galopp.
3. Wenn auch das funktioniert, legen Sie Türschwelle und Regenrinnen auf dem linken Hindernisständer hoch, etwas unter Cavaletti-Höhe (30 bis 40 Zentimeter). Testen Sie erneut, ob Ihr Pferd Ihnen jetzt auch springend durch den Parcours folgt.
4. Je nachdem, wie gut Sie beide sich dabei machen, müssen Sie entweder einen Schritt zurückgehen und noch etwas üben.

Sinn der Übung

Wenn Ihr Pferd das Haus vom Nikolaus beherrscht, geht es versammelt und in Balance. Neben diesem gymnastisch-reiterlichen Aspekt bietet die Übung Pferd und Reiter viel Abwechslung, da sie sehr variabel ausgelegt werden kann und leicht erweiterbar ist (siehe Übung 13).

Gangarten

Anfangs im Schritt heranführen,
später Galopp.

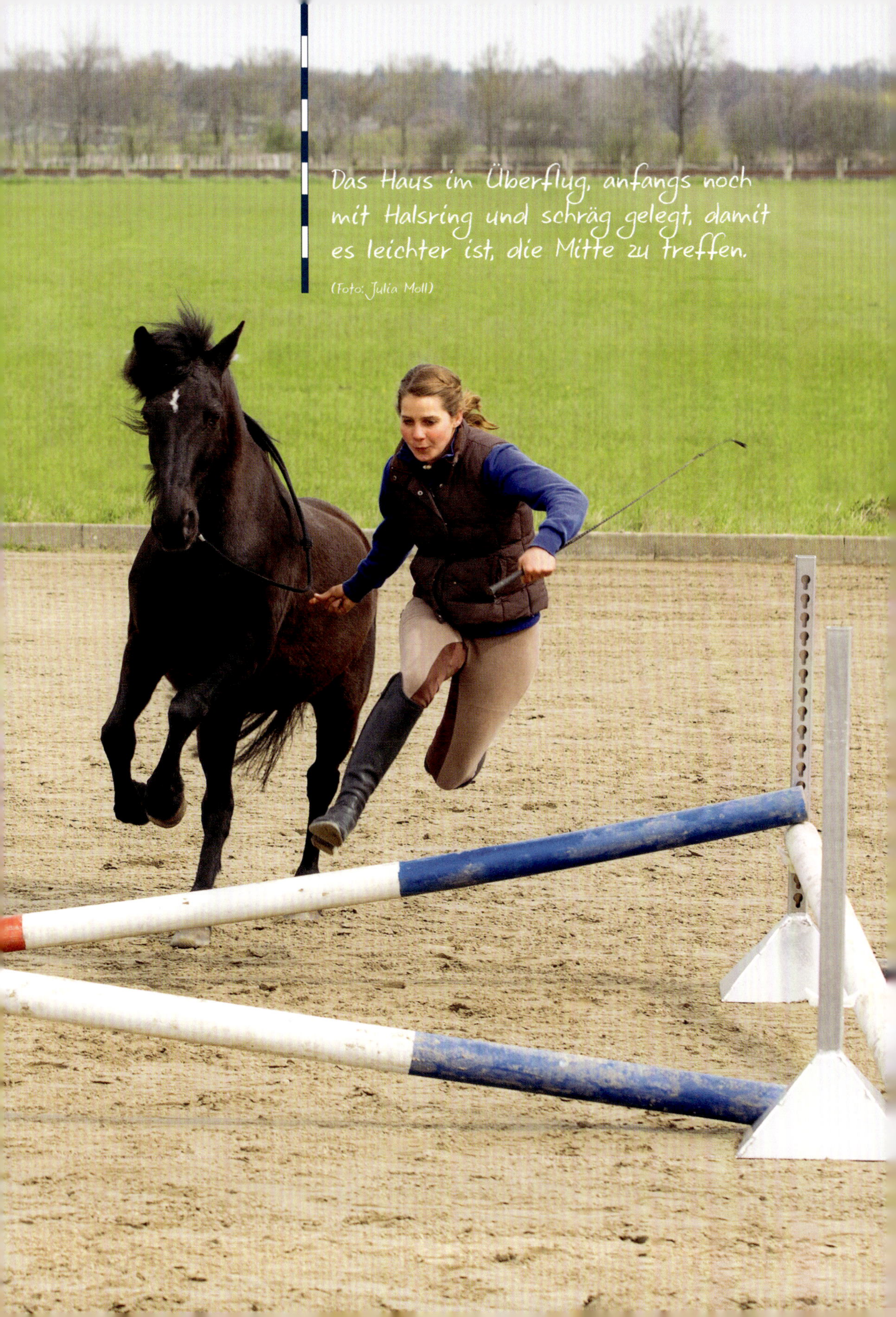

Das Haus im Überflug, anfangs noch mit Halsring und schräg gelegt, damit es leichter ist, die Mitte zu treffen.

(Foto: Julia Moll)

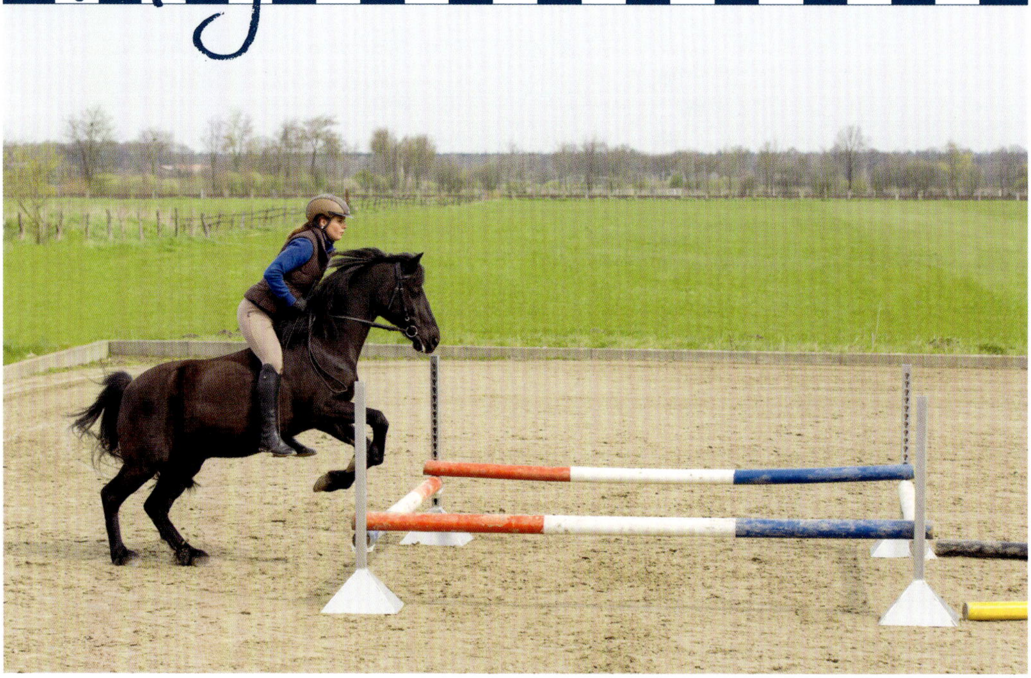

Alles hochgelegt und ab durch das Haus. Auch ohne Sattel kein Problem, wenn die Vorarbeit Sicherheit gegeben hat.

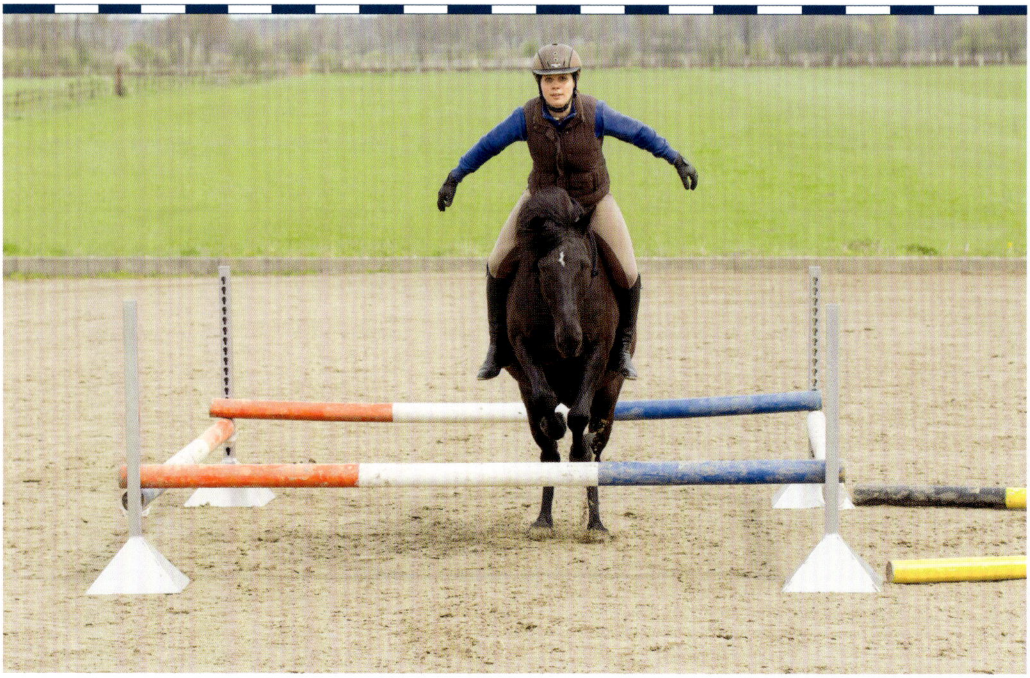

Beide heben ab – nur Fliegen ist schöner. Durch den strukturierten Aufbau der Stangen vom Boden bis in die Höhe verliert sich die Springangst nicht nur beim Menschen, auch Pferde werden mutiger und freudiger. Diese Höhen kann jedes Pferd hüpfen, ohne Schaden zu nehmen. (Fotos: Julia Moll)

Anna und Bolero haben Spaß.

(Foto: Julia Moll)

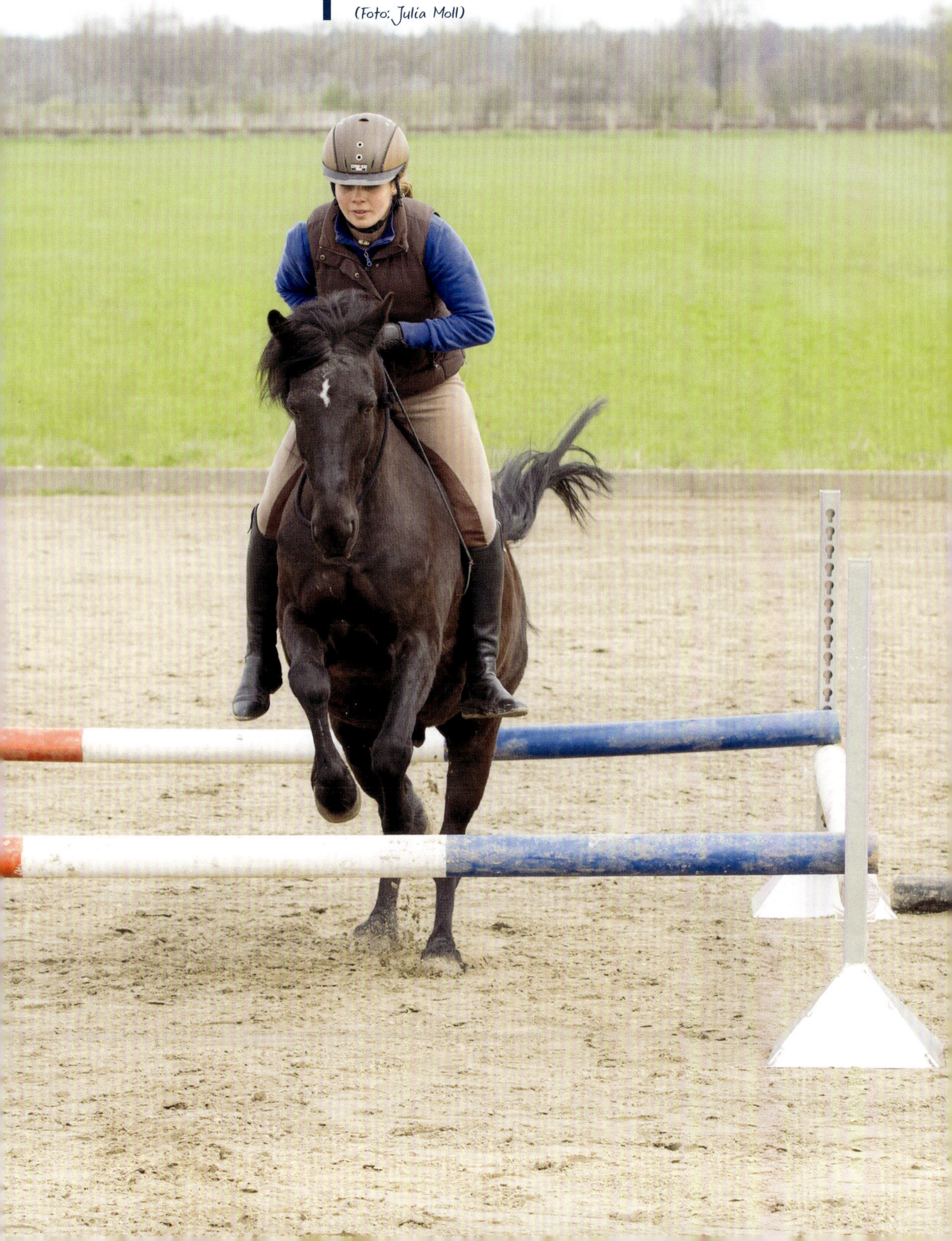

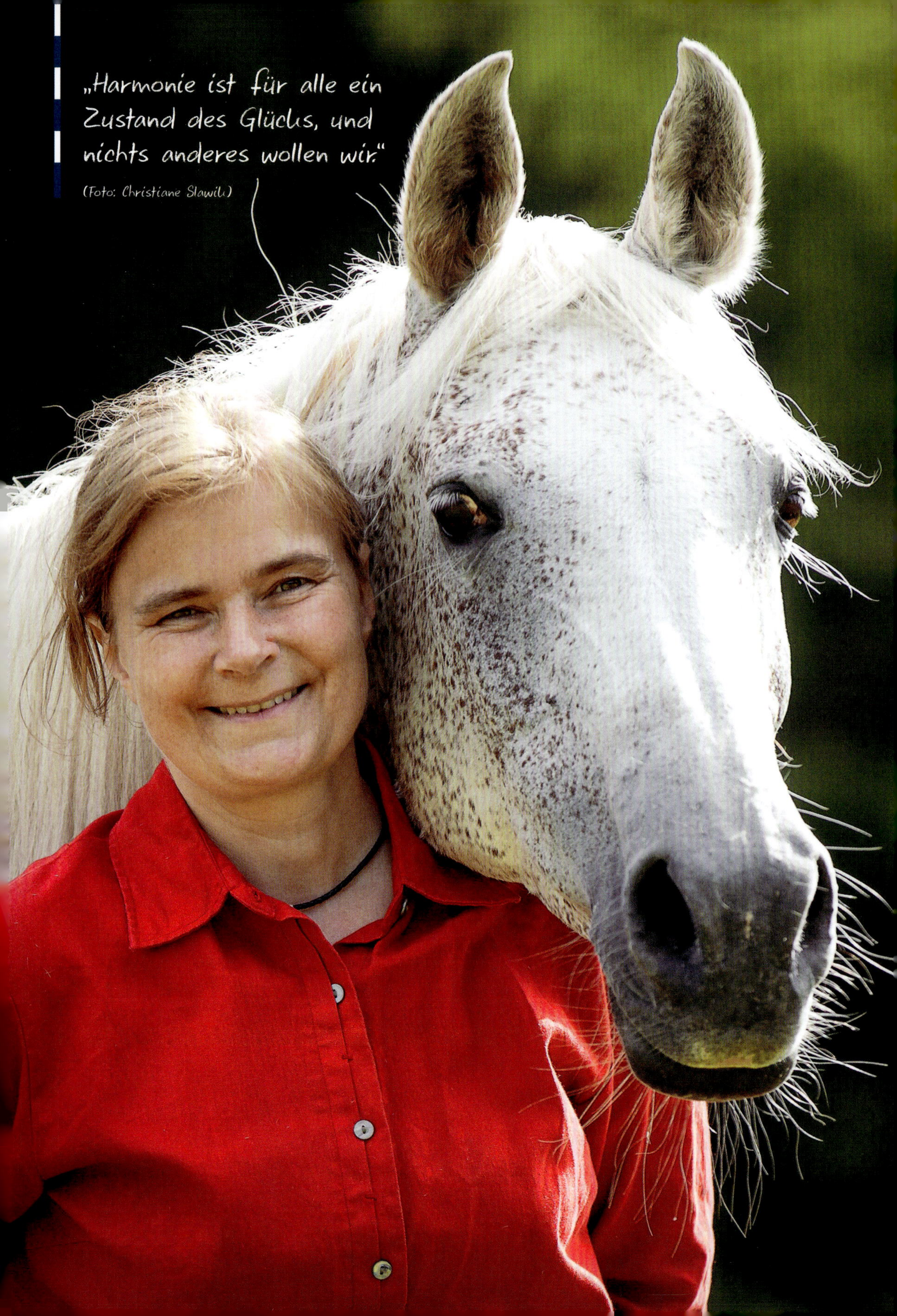

„Harmonie ist für alle ein Zustand des Glücks, und nichts anderes wollen wir."

(Foto: Christiane Slawik)

Zum Schluss

„Du musst das Leid erfahren, um das Glück schätzen zu können."

Diese Aussage hat mich Jahrzehnte begleitet, und ich bin in schwierigen Lebensphasen immer darauf zurückgekommen. Im Lauf der Zeit habe ich erkannt, dass uns andere Dinge in das sogenannte Leid ziehen. Es liegt aber an uns, das nicht zuzulassen, denn auch wir sind in unserer Welt der Held, wenn wir es wollen. Das können wir von den Pferden lernen: zu sich kommen, innehalten, den Moment genießen und loslassen. Ärgern und sich sorgen sind Energien, die wir anders nutzen können, denn sie führen uns nicht weiter, sondern bringen nur Stillstand.

Registrieren, nicht werten, loben, lächeln – weitermachen. Enjoy Life mit The Easy Way.

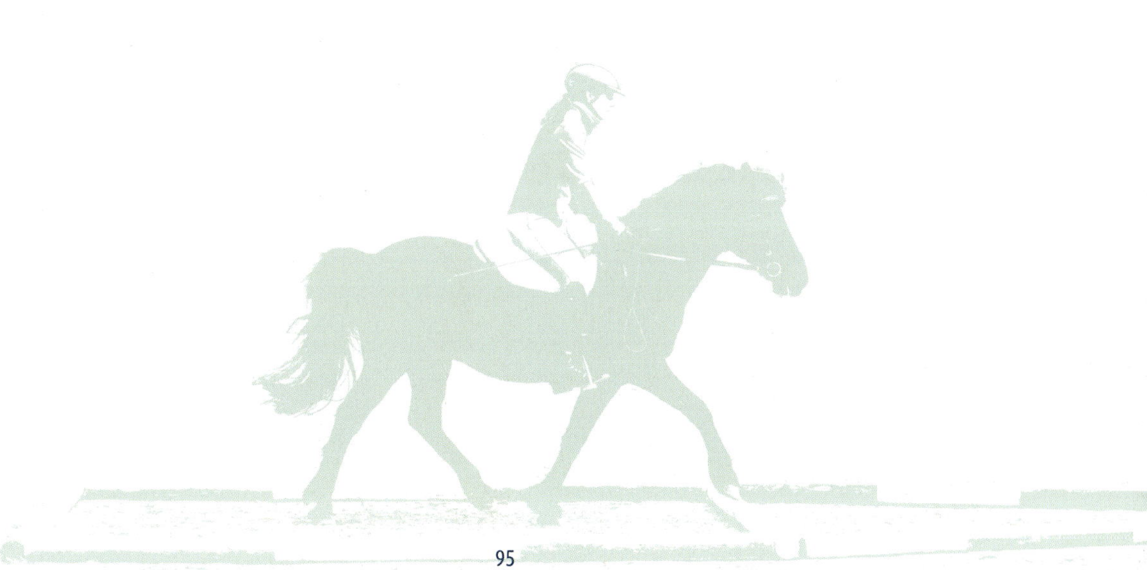

Stichwortverzeichnis